志愿服务培训系列丛书志愿者读本
北京志愿服务发展研究会组织编写

ZHUCAN ZHIYUAN FUWU SHIWUZHINAN

助残志愿服务实务指南

北京市残疾人联合会支持指导

中国国际广播出版社

编委会

前　言

有人类就有残疾人，这是人类社会发展的普遍规律；而理解与接纳残疾人，是人类博爱、关怀、奉献、互助情怀的精神体现。我国古代就有对残疾人的特殊救济政策，比如西周时期实行减免赋税的“宽疾”政策，春秋时期采取养疾和量才政策，汉代实行“赐谷”政策，宋代实施安排居养政策，为残疾人创造了一个能够生存的环境。近代，由于大工业的发展，受西方文明的启示，人们开始关注残疾人的教育，如 1874 年英国传教士威廉•穆瑞在北京创建了“瞽叟通文馆”，为日后残疾人接受教育奠定了基础。现代，由于人道主义等现代哲学思想的兴起，特别是 20 世纪以来世界人权运动的发展，人们不仅关注残疾人的教育，更加关注残疾人作为人类的一分子，在参与社会生活、劳动、就业等方面应该享有的权益，为残疾人回归社会、共享社会成果提供了社会环境。

新中国成立以来，扶残和助残工作取得长足发展：1988 年成立了中国残疾人联合会，使残疾人工作进入组织化发展的新阶段；1990 年第七届全国人民代表大会常务委员会第十七次会议通过《中华人民共和国残疾人保障法》，使残疾人平等地参与社会生活有了法律保障，残疾人工作进入法制化发展阶段。为落实《中华人民共和国残疾人保障法》，我国将五月的第三个星期日定为“全国助残日”，并使之成为一种制度沿袭至今。2008 年北京残奥会，把我国扶残、助残的人文情怀和充满关爱的人道主义精神推至极致，在全社会乃至国际社会留下值得传颂的美好记忆。党的十八大以来，党和政府更加重视残疾人事业和助残志愿服务工作。2015 年，中国残疾人联合会成立“中国助残志愿者协会”，以北京为代表的各地广泛推动助残志愿服务制度建设，全国助残志愿服务进入了新的发展阶段。与此同时，随着社会的全面发展，助残志愿服务也面临不少挑战。如何更好地继承传统，加强助残志愿服务，推进助残志愿服务的组织化、制度化和科学化，已然成为理论界和实务界面临的共同问题。

本书是继《助残志愿服务手册》之后，北京市残疾人联合会鼎力支持的又一力作。通过多年从事残疾人教育和服务工作的经验、体会和思考，特别是参与历次大型活动助残志愿服务的切身体会和对残疾人与残疾人事业的感悟，我们希望助残志愿者能从如何理解残疾和残疾人开始，从一个生命的角度去认识残疾人和理解残疾人。当我们真正理解了残疾人后，再从服务的视角去思考残疾人的需求是什么，然后理解这些人的基本需求和残疾人的特殊需求。助残志愿服务不同于普通的志愿服务，如何根据助残志愿服务及其组织方式的特点，为残疾人提供满足需求的、高品质的助残服务，是需要每位志愿者一直不断地尽心实践和探索的重大课题。因此，本书提供的具有代表性的大型活动助残志愿服务故事和案例，或许能够为助残志愿者提供一些思路和参考。由于笔者水平有限，加之文献资料相对匮乏，书中难免有不足之处，恳请专家及广大志愿者批评指正。

北京志愿服务发展研究会课题组

2017 年 4 月

目　录

第一篇

爱心、理解与接纳

相信每一位志愿者都会有第一次接触视障儿童的茫然与恐慌，第一次给智障儿童上课的无奈与沮丧，第一次训练自闭症儿童的紧张与焦虑，第一次服务残疾大学生的欣喜与尊敬，第一次服务成年残疾人的感慨与欣慰，第一次服务残疾人运动员的震撼与激动。正是这么多的第一次助残志愿服务的经历与心路，形成了志愿者对残疾人及助残志愿服务的感悟与情怀，激励志愿者坚持不懈地为残疾人服务，更是志愿者的助残志愿服务情结之所在。本篇以“爱心、理解与接纳”为主题，通过一些典型案例及基本知识与理念的描述，帮助志愿者朋友客观地认识爱心，辩证地理解残疾和残疾人，真心接纳残疾及残疾人。

第一章
爱心是做好助残志愿服务的前提

爱心是指人们关怀、爱护他人的思想感情。爱心是一种奉献精神，是一个人发自内心地关爱他人的自然情感，包括同情、怜悯、帮助、支持、资助等想法和行为。当关爱的对象是人时，爱心往往与“阶级友爱”和“同胞情”相对应，是一种超出阶级、国家和基于彼此都是人类的同理情感；当关爱的对象是非人类时，爱心往往是基于彼此都是动物或具有生命的这一认知与情感。因此，爱心的深层含义就是保护和关心所有的生命，包括人类自己、动物和非生物。就像电视剧《爱心》中的主题歌曲唱道的：“爱是奉献，不是施舍；爱是付出，不是获得；请你把爱心，散播在每个角落，让世界走向大同，让人间充满欢乐。”

第一节 “美丽”的母爱——认识精神残疾

2015 年，北京卫视《档案》栏目播放了一个专题节目——《世上只有妈妈好》，这档节目讲述的是著名电影演员秦怡照顾患有精神分裂症的儿子的感人故事。看完了整个节目后，我心中无法平静。一位母亲照顾患有精神病的儿子 40 多年，期间所承受的精神压力和心理压力是我们普通人无法想象的，而这位母亲又是我们广大观众非常敬仰的著名演员。秦怡既要拍戏又要照顾生病的儿子，我对秦怡又多了一份崇敬。

秦怡是广大影迷非常喜爱的演员，我们这个年龄段的很多人都喜欢她演的电影，把她视为心目中最漂亮和最优雅的演员。她在照顾患有精神病的儿子的同时，还不忘把自己乐观和积极的一面展现给喜爱她的广大观众，不愧为是德高望重的老演员，因此我将这一节命名为“‘美丽’的母爱”。

秦怡的儿子叫金捷，金捷还有一个非常具有上海特色的小名“小弟”。小弟出生以后，母亲由于需要拍戏而无暇照料，因此就将小弟交给了外婆照顾。小时候的小弟长着一张乖巧可爱的胖乎乎的小脸，眼睛不大，但是眉宇间似乎比别的孩子多了些许不易察觉的淡淡的忧愁，甚至还有点深沉。这也许是经常不能与母亲交流，对母爱的渴望和焦虑。

小弟从小就喜欢画画，而且画得非常传神。在小弟 16 岁那年，作为母亲的秦怡准备培养儿子的绘画特长，谁知就在秦怡备好画具时，小弟却出现了不正常的行为表现，医院确诊为精神分裂症，这个结果让秦怡不知所措。一心要培养儿子绘画特长的想法成了泡影，而儿子的病也使秦怡感到深深的懊悔。秦怡认为，是自己和丈夫常年在外拍戏，不能跟儿子进行交流，没有顾及儿子的情感，才导致了儿子的精神异常。

深深的自责让秦怡感到了一种责任，她下决心一定要治好儿子的病，尽管医生说过，这种病治愈的可能性很小。为了能治疗儿子的病，让儿子过上正常人的生活，秦怡带着儿子不断地治疗、住院，住院、治疗，最终儿子的病情有了好转，一度还曾重返学校。但是“十年动乱”让小弟受到了极大的刺激，他病情再次发作。小弟再也无法上学了，这时秦怡已年过五旬。

1978 年，秦怡在拍摄《南海风云》时，小弟的病情再次转化，从忧郁症转为狂躁症，一发作便会手舞足蹈，严重时还会打人。1980 年至 1981 年两年间，小弟间歇性的狂躁发作更加频繁，打人的事更是经常发生。面对反复发作的小弟，已过花甲之年的秦怡还是不忍心把小弟送进医院。但是因为有一次打了保姆，秦怡才下决心把小弟送进医院。面对儿子不安的眼神，母亲秦怡心中的不舍难以形容。

出院以后的小弟，跟妈妈说：“我再也不打人了。”听到这句话，秦怡的心都要碎了。为了控制孩子的情绪，她除了咨询专业医生和看医学书籍外，还慢慢摸索到了控制小弟情绪的方法；就像秦怡自己说的，这样的病人出了任何问题都不能骂他、责怪他，要慢慢跟他讲道理，要精心照顾他。

丈夫去世以后，秦怡更是把全部的精力投入到儿子小弟身上，除了照顾小弟的生活起居，还要时刻关注他的情绪起伏。由于母亲的悉心照料，小弟的病情渐渐好转。但是，由于担心单调的生活会影响儿子的情绪，秦怡经常带着儿子到衡山公园散步。面对衡山的美景，儿子告诉秦怡他想画画，这让秦怡激动不已。从那以后，秦怡就请一位画家上门教画，为的是让儿子有事可做，生活过得充实一些。从此以后，儿子的狂躁情绪再也没有发作过。

为了让儿子活得更有价值，秦怡就带着儿子的画作参加慈善活动，而小弟因为知道他的画要用作慈善活动，不管累了还是懒了都坚持画画，尽管他不知道慈善是什么。

2002 年 5 月的一个晚上，上海波特曼大酒店举办慈善拍卖活动，秦怡带着小弟一起参加，同时还带上了小弟画的水彩画《衡山公园》。最后，中国特奥会慈善大使、国际影星施瓦辛格先生以 2.5 万美元拍得此画。 随后，记者采访了施瓦辛格先生，问他为什么愿意出这么高的价格买《衡山公园》这幅画时，他动情地说："秦怡是一位伟大的母亲！"

59 岁的小弟因长期使用精神病治疗药物而患上糖尿病，又一次进了医院。尽管秦怡精心照料，打针、吃药都亲自上手，小弟还是进入了昏迷状态。小弟清醒时对母亲秦怡说了一句安慰她的话："没有我，你可以省点力。"秦怡不禁潸然泪下。2007 年 3 月，小弟因抢救无效离开了人世。想着与儿子形影不离的四十多年的生活，秦怡悲痛万分，她开始感到了前所未有的孤单。

儿子去世后不久，秦怡有一次偶然看电视，看到了一个二十多岁的男孩因患骨癌生命垂危，他在弥留之际，决定把自己的眼角膜捐献出来，并希望把好心人捐给他治病的钱，留给其他需要的孩子。这件事使秦怡陷入了沉思：“儿子生病后一直和我生活在一起，由我保护他、照顾他，可还有许多患病的孩子生活非常艰难，需要帮助，我不能总活在自己的小爱中。”很快，秦怡就振作起来，参与到“‘特奥·母爱’关爱残障儿童”等一系列公益宣传活动中。一些亲友知道后劝她：“您已经85岁了，四处奔波身体会受不了的！”秦怡心里清楚，大家都是为自己好，微微一笑回答：“残障孩子也是祖国下一代的一部分，为他们做点事情，再苦再累我也心甘情愿！”

秦怡无私奉献、不求回报的精神，让人们敬佩，也得到社会的认可。她先后获得“中国十大女杰”“中国非凡女人”等多项荣誉称号。

当我看完这个故事后，心情久久不能平静。一个精神病患者能够这样平稳而充实地生活几十年，靠的是什么？我想，不仅仅是伟大的母爱，更是一位普通母亲的悉心照料、细致观察、精心陪伴，还有循循善诱地引导与支持。正是这样一种“美丽”的母爱，使患有精神疾病的金捷能够平平静静地生活了56年。

在这个故事中，我们已经看到了精神病人的一些特点，比如不愿与人交往，生活不能自理，有时还会打人，等等。那么，什么样的人才算精神残疾人呢？精神残疾人具有什么特征呢？

《中华人民共和国国家标准残疾人残疾分类和分级》对精神残疾是这样规定的：各类精神障碍持续一年以上未痊愈，由于存在认知、情感和行为障碍，以致影响其日常生活和社会参与。

对于精神残疾人，很多人都有一种恐惧感，认为他们是一类具有暴力行为的人，因此精神残疾人很难被社会和周围的人接纳，帮助他们的人也很难对他们进行照料。但是作为社会中的一员，他们有生存的权利，更有做人的尊严。

《中华人民共和国国家标准残疾人残疾分类和分级》规定：精神残疾人的残疾程度分为四级，在适应行为方面分别具有如下特征：

1. 极重度精神残疾人表现为：生活完全不能自理，忽视自己的生理、心理的基本要求。不与人交往，无法从事工作，不能学习新事物。需要环境提供全面、广泛的支持，生活长期、全部需他人监护。

2. 重度精神残疾人表现为：生活大部分不能自理，基本不与人交往，只与照顾者简单交往，能理解照顾者的简单指令，有一定学习能力。监护下能从事简单劳动。能表达自己的基本需求，偶尔被动参与社交活动。需要环境提供广泛的支持，大部分生活仍需他人照料。

3. 中度精神残疾人表现为：生活上不能完全自理，可以与人进行简单交流，能表达自己的情感。能独立从事简单劳动，能学习新事物，但学习能力明显比一般人差。被动参与社交活动，偶尔能主动参与社交活动。需要环境提供部分的支持，即所需要的支持服务是经常性的、短时间的需求，部分生活需由他人照料。

4. 轻度精神残疾人表现为：生活上基本自理，但自理能力比一般人差，有时忽略个人卫生。能与人交往，能表达自己的情感，体会他人情感的能力较差，能从事一般的工作，学习新事物的能力比一般人稍差。偶尔需要环境提供支持，一般情况下生活不需要由他人照料。

生活中，我们常见到的精神残疾类型主要有孤独症（也称为自闭症）、精神分裂症、神经症、焦虑症、强迫症、恐惧症等。我们面对这些精神障碍者时不要惊慌，要采取适当的措施和方法，尽可能地帮助他们。

比如，像电影演员秦怡这样，承认儿子患有精神障碍这样一个事实，然后按照医生的要求帮其定时服用药物控制病情。最重要的一点是，当秦怡发现儿子爱在纸上乱涂乱画时，立即请画家教儿子画画，使得儿子有事可做，生活过得充实一些，让儿子平平静静地生活了 40 年。从秦怡照顾自己精神病儿子的故事中，我们可以看到一种伟大的母爱，正是这种母爱使得她的儿子幸福地走过了一生。

助残提示

1. 开导与劝说：可以通过说服、解释、鼓励、安慰等方法，对精神障碍者动之以情，晓之以理，帮助他们调整精神状态；

2. 转移注意力：用语言诱导的方式或者引导其参与其他活动的方法转移精神障碍者的注意力，或者多带他们参加户外活动，发掘一些他们喜欢的特长、爱好等；

3. 营造轻松愉快的环境：尽可能地了解精神障碍者对环境的

喜好，因为人在愉快的环境下做什么事都心情愉悦，而在悲伤的环境下做任何事都悲观失望，所以给他们一个愉悦的环境对缓解精神障碍具有良好的治疗作用；

4. 暗示疗法：暗示精神障碍者是一个健康的人，或者暗示他们没有任何问题，让他们保持心理上的放松，消除不良的情绪；

5. 安抚：不要刺激精神障碍者的大脑，不要对他们有过激的行为或语言，要尽可能地给他们一个安静的氛围，让他们保持平和的心态；

6. 遵从医嘱：对于比较严重的精神障碍者，一定要随时就医、定期复查，并严格配合医生治疗和定期服药。

第二节　无需解释的父爱——认识智力残疾

我最近阅读了好友推荐的余秋雨的散文《门孔》，当时觉得这篇散文的名字非常有意思，阅读之后才知晓，原来写的是著名导演谢晋与他的几个智障孩子的故事。

这篇散文首先写的是智障的小儿子阿四。阿四不能理解死亡的意义。当同样是智障的哥哥阿三走了，阿四不知道小哥到哪里去了；唯一智力正常的大哥谢衍走了，阿四也不知道他到哪里去了。每一个哥哥走了，父亲谢晋都说别跟阿四解释死亡的含义。等到父亲谢晋走了，大家觉得，这次该让他知道了。但是，不管怎么解释，阿四诚实的眼神告诉你，他还是不知道。谁解释，阿四就认为是谁把小哥、大哥、爸爸弄走了。他就一定跟着你走，让你带着他去找他们。

接着写的是智障的儿子阿三。阿三整天扒在门孔上等待父亲谢晋回家。每天只要父亲出门，阿三就不离开门了，分分秒秒等待父亲回家。谢晋曾经对作者说：“你看他的眉毛，稀稀落落，是整天扒在门孔上磨的。”谢晋说的门孔，就是我们每家门上都有的“猫眼”。但对阿三来说，这个闪着亮光的玻璃小孔，是一种永远的等待。除了睡觉、吃饭，他都在那里看。双脚麻木了，脖子酸痛了，眼睛迷糊了，眉毛脱落了，他都没有“撤退”。因为在这个猫眼中，父亲谢晋会出现。

谢晋在中国创建了一个独立而庞大的艺术世界，但他的家却是一个常人无法想象的天地。他与夫人徐大雯女士生了四个小孩，脑子正常的只有一个，那就是谢衍。谢衍的两个弟弟就是前面所说的阿三和阿四，都患有严重的智障，而姐姐的情况也不是特别好。作者余秋雨认为，把这样一个家庭背景与谢晋的那么多电影联系在一起，真会产生一种匪夷所思的感觉。每天傍晚，他拖着高大而疲惫的身影一步步走回家门的景象，不能不让人一次次落泪。

这样一位大导演，经常会有朋友到家里来做客，客人可能是好莱坞明星、法国大导演、日本制作人，但最后谢晋总会搓搓手，通过翻译介绍自己两个儿子的特殊情况，然后隆重地将他们请出。智障儿子的每一个笑容和动作，在谢晋看来都是人类最本原的可爱造型，因此满眼是欣赏的光彩。

阿四不像阿三那样成天在门孔里观看。他几十年如一日的任务是为爸爸拿包、拿鞋。每天早晨爸爸出门时，他就把包递给爸爸，并把爸爸换下的拖鞋放好。晚上爸爸回来，他就接过爸爸的包，再递上拖鞋。

有好几天，爸爸的包和鞋都在，人到哪里去了？他有点儿奇怪，却还在耐心等待。有一天突然来了很多人，在家里摆了一排排白色的花。白色的花越来越多，家里放满了。他从门孔里往外一看，还有人来送。阿四穿行在白花间，突然发现，白花把爸爸的拖鞋遮住了。他弯下腰去，拿出爸爸的拖鞋，小心放在门边，依旧痴痴地等待爸爸回来穿拖鞋。

这就是《门孔》的故事情节。阿三和阿四是幸运的，也是幸福的，大导演父亲无需解释的爱，陪伴着几个智障孩子，让他们拥有了一个温暖的家。

智力残疾对人的影响是多方面的，不仅影响人的智力水平，还会影响人的适应行为，就像阿三和阿四一样，反复做着同样一件事情。《中华人民共和国国家标准残疾人残疾分类和分级》这样定义智力残疾：智力显著低于一般人，并伴有适应行为障碍。此类残疾是由于神经系统结构、功能障碍，使个体活动和参与受到限制，需要环境提供全面、广泛、有限和间歇的支持。智力残疾包括在智力发育期间（18 岁之前），由于各种有害因素导致的精神发育不全或智力迟滞；或者智力发育成熟以后，由于各种有害因素导致智力损伤或智力明显衰退。

智力残疾人按照残疾程度分为四级，适应行为表现具有如下特征：

1. 极重度——不能与人交流，不能自理，不能参与任何活动，身体移动能力很差；需要环境提供全面的支持，全部生活由他人照料。

2. 重度——与人交往能力差，生活方面很难达到自理，运动能力发展较差；需要环境提供广泛的支持，大部分生活由他人照料。

3. 中度——能以简单的方式与人交流，生活能部分自理，能做简单的家务劳动，能参与一些简单的社会活动；需要环境提供有限的支持，部分生活由他人照料。

4. 轻度——能生活自理，能承担一般的家务劳动或工作，对周围环境有较好的辨别能力，能与人交流和交往，能比较正常地参与社会活动；需要环境提供间歇的支持，一般情况下生活不需要他人照料。

智力损伤主要是对人的认知功能造成损伤，比如记忆存在困难，学习速度缓慢，注意力不集中，对任何事情缺少动机；还对人的适应行为产生影响，如缺乏生活自理能力和社会交往能力，经常会有不合时宜的行为发生。对成年人来讲，可能会影响人的独立活动的能力，还有就业等问题。因此，对智力残疾人的帮助应该是间歇的、有限的、全面的、广泛的支持和服务，而且这种支持和服务也许需要持续智力残疾人的一生。

助残提示

1. 安全与保障：包括人身安全和财产等权益的保障，父母或监护人对智力障碍者的抚养和教育的保障，接受教育和得到适宜教育权利的保障，参与社会活动和保有隐私权的保障，康复治疗权益的保障。

2. 适应性行为训练：主要包括运动、感知、认知、语言、生活自理、社会适应等六大领域的康复训练。

3. 生活与自理能力训练：主要包括生活自理能力训练、简单的劳动技能训练、适应社会生活能力训练，以及有偿托管、生活护理等方面的服务。

4. 成年智障者的保障：包括作为成年人应该具备的生活技能的掌握，公民人身安全的保障，公民人权的保障及人格尊严的保障，平等地参与劳动就业和同工同酬的保障，婚姻及家庭生活的保障，无劳动能力的智力残疾成年人的保障，参与社会活动和保有隐私权的保障，康复治疗权益的保障，特别是智力残疾成年女性的权利保障。

第三节　传递爱心的“蓝丝带”——认识视力障碍

“蓝丝带”是中国狮子联会北京圆梦服务队的助残志愿服务项目的名称。这个项目创建于2010年7月，全称为“蓝丝带助残”。

该项目经过六年的实践和坚持，如今已经成为中国狮子联会的品牌服务项目。

六年来，圆梦服务队的志愿者们坚持活跃在扶残助残志愿服务的第一线，为北京的残疾人群体带来了温暖，解决了实际困难，更宣传了助残理念，带动了更多的社会爱心人士加入，每次活动都有四五十名志愿者参与，有的志愿者还带着子女参与，为的就是让孩子从小树立帮助残疾人、帮助有困难人群的助人意识。

“‘蓝丝带助残’之快乐出行”项目主要是帮助视障朋友到具备残疾人出行条件的景区、景点、博物馆、音乐厅等场所游览、就餐、听音乐会，通过具有一定服务能力与专业特长的志愿者的参与、陪同，吸引残疾人和亲属、基层残疾人工作者参与，让这些很少出门的视障朋友与健全人互动，引导、鼓励服务对象以积极向上的态度融入社会生活，提高生活质量。通过出行活动，让参与者融入社会，感受社会的温暖，同时促进公共无障碍设施的完善。

在帮助视障朋友走进国家大剧院听音乐会的活动中，志愿者们用他们的爱心、专业的服务理念和技能，精心的设计与准备，协助视障朋友们走进了设计独特、造型别致的国家大剧院，让他们通过触摸和聆听的方式感受和体验了国家大剧院的恢弘与特色。“蓝丝带助残”主要通过以下步骤设计、组织和实施助残志愿服务活动。

首先，设计服务项目：视力障碍对人的影响是多方面的，尤其是限制了人的出行。国家大剧院位于北京市的中心地带，目前是国内最大的、最专业的一个大剧院，平时视障朋友个人到大剧院存在很多困难，志愿者希望视障朋友们也能和健全人一样享受艺术圣殿的氛围和精神陶冶，决定设计一个帮助视障朋友们到大剧院听音乐会的活动——“‘蓝丝带助残’之快乐出行”，于是，帮助视障朋友走进国家大剧院听音乐会的活动就这样诞生了。

其次，活动项目策划：在多位志愿者骨干的积极努力下，撰写项目书提供给志愿者，以便志愿者们了解该项目设计思想；设计项目岗位及其工作内容、要求和工作流程，以方便志愿者们熟悉服务工作。

第三，前期准备：主要是为了服务活动能够顺利进行的一些工作，包括撰写岗位说明书、主要工作列表、出行流程单、服务流程记录单、活动风险协议书、活动执行手册等。另外，为了保证志愿者们做好服务，还要对志愿者进行专业培训，主要包括残疾人的称谓、与视障朋友的沟通礼仪，特别是导盲技巧的培训，还有一些更细致的培训。

第四，活动实施：活动实施主要是按照事先准备好的方案进行操作，尤其是活动组织负责人与视障朋友的监护人的精准对接和组织，还有活动实施过程中的安全问题，特别是要对事先考察好的、有危险的地方的监控，比如在滚动手扶梯上下人处安排志愿者引导和提示、有障碍的地方也要安排志愿者守护和提示等。

第五，活动结束：听完音乐会，再按照活动计划将视障朋友送回家或送到监护人处，志愿者与视障朋友互道感谢。活动结束。

中国狮子联会北京圆梦服务队用他们的爱心和专业服务技能，圆了视障朋友走进国家大剧院听音乐会的梦想，同时也实现了志愿者“服务他人，快乐你我”的志愿精神和帮助他人的志愿梦想。

视力残疾会影响人的日常生活和社会参与。视力残疾是指各种原因导致双眼视力低下并且不能矫正或双眼视野缩小，以致影响其日常生活和社会参与，视力残疾分为盲和低视力。视力残疾分为四级并对应四种残疾程度：

1. 一级（极重度）：好眼的最佳矫正视力低于 0.02，或视野半径小于 5 度。

2. 二级（重度）：好眼的最佳矫正视力等于或优于 0.02，而低于 0.05 或视野半径小于 10 度。

3. 三级（中度）：好眼的最佳矫正视力等于或优于 0.05，而低于 0.1。

4. 四级（轻度）：好眼的最佳矫正视力等于或优于 0.1，而低于 0.3。

视力残疾均对双眼而言，若双眼视力不同，则以视力较好的一眼为准；如仅有一眼为盲或低视力，而另一眼的视力达到或优于 0.3 则不属于视力残疾范围；最佳矫正视力，是指以适当镜片矫正所能达到的最好视力，或以针孔镜所测得的视力。视野以注视点为中心，视野半径小于 10 度者，不论其视力如何，均属于盲。

助残提示

1. 特别的实践与体验活动：主要是指无法通过视觉获得的感受和体验，比如通过触摸感受不知道或不熟悉的物体的特征。

2. 盲文帮助：在助残服务过程中，为了让盲人了解更多的信息，可以提供一些盲文资料，比如观看文艺演出或音乐会时，可以提供盲文节目单等。

3. 辅助技术支持：现代技术在健全人当中已普遍使用，视力残疾人同样也需要这些辅助技术帮助他们解决日常生活中的工作，比如计算机、盲文打字机、阅读软件、盲文复印机、阅读器助视器，以及听音设备。

4. 触觉和听觉辅助支持：在日常生活中，为视力残疾人提供一些依靠触觉的操作和探索，比如浮雕地图、声音地图、三维模型等，初次前往的地方可以提供触摸地图等。

5. 定向与行走帮助：在陌生的环境中需要帮助视力残疾人进行定向，避开危险，行走引导帮助，或者盲杖、导盲犬支持等。

（本案例由中国狮子联会北京圆梦服务队提供）

第四节　无声的爱——聋人导医

聋人导医服务，是北京市首创的为聋人提供就医服务的志愿服务项目，也是近几年在全国各地发展比较快的为聋人就医提供帮助的助残志愿服务项目。目前北京、上海已经实现了部分医院无障碍就医。每个地区都根据本地区的特点开展聋人导医服务，使聋人真实地感受到社会大家庭的温暖，以及社会各界的爱心。

北京市残联政购项目舒耘导医服务团队使北京市的听力残疾人享受了就医全程无障碍引导服务，包括就医引导服务、聋人与医生的沟通与交流的翻译服务、协助听力残疾人或代填写病历卡服务、引导听力残疾人挂号服务，以及协助听力残疾人缴费、拿药、用药嘱托等。

上海市聋人协会与上海东方医院建立全国首家“助聋门诊”。助聋门诊规定每逢周五，门诊将为所有预约看病的聋人患者配备一名专业的手语翻译和一名社工志愿者，由他们“同声传译”，并提供全程陪同的导诊导医服务。

陕西省残联与中大医院合作，2015 年 6 月 4 日在西安中大医院成功举办了陕西省聋人无障碍义诊活动。活动期间，先后有 300 多名聋人朋友接受了无障碍义诊服务，中大医院根据方案的要求，已经挑选出十名贫困聋人患者，正在为他们进行无障碍免费治疗。活动当天，陕西省聋协和中大医院共同成立了中大爱心会，定期走访慰问听力残疾人，定期为聋人朋友提供免费的身体检查。陕西省聋协当天还确定中大医院为全省聋人康复定点医院，永久为聋人提供免费的检查，需要治疗的全部 7 折优惠，深受聋人朋友的欢迎。

聋人属于听力障碍的群体，他们当中绝大多数人有口说不出、有耳听不到。当我们跟聋人初次见面，不说话时会感到他们没有什么特别，但是当我们与聋人进行交流时才会发现他们根本无法交流。因为，由于听力障碍的原因，他们自己在平时的生活中通常会使用手语进行交流，与健全人沟通时才会书写文字，用书写文字交流会影响交流的速度和信息量，聋人和健全人都感到很麻烦，所以与聋人的交流存在的最大困难就是手语问题。尽管如此，由于听不见，眼睛成了他们接收外界信息的重要渠道，长久的磨练使他们在熟悉的环境中很会“察言观色”，领悟力比较强，他们可以用读唇和看口型的方法与他人进行简单的沟通和交流。

听力残疾是指各种原因导致双耳不同程度的永久性听力障碍，听不到或听不清周围的声音，以致影响其日常生活和社会参与。听力残疾分级按平均听力损失及听觉系统的结构、功能、活动参与、环境、支持等因素分级（不配戴助听放大装置）。3 岁以下儿童残疾程度达到一、二、三级的定为残疾人。听力残疾分为四级并对应四种残疾程度：

1. 一级（极重度）：听觉系统的结构和功能方面极重度损伤，较好耳平均听力损失≥91dBHL，在无助听设备帮助下，不能依靠听觉进行言语交流，在理解和交流等活动上极度受限，在参与社会生活方面存在极严重障碍。

2. 二级（重度）：听觉系统的结构和功能重度损伤，较好耳平均听力损失在 81—90dBHL 之间，在无助听设备帮助下，在理解和交流等活动上重度受限，在参与社会生活方面存在严重障碍。

3. 三级（中度）：听觉系统的结构和功能中重度损伤，较好耳平均听力损失在 61—80dBHL 之间，在无助听设备帮助下，在理解和交流等活动上中度受限，在参与社会生活方面存在中度障碍。

4. 四级（轻度）：听觉系统的结构和功能中度损伤，较好耳平均听力损失在 41—60dBHL 之间，在无助听设备帮助下，在理解和交流等活动上轻度受限，在参与社会生活方面存在轻度障碍。

听力损伤可以导致人们在与环境的互动中出现各种问题，最大的问题还是语言沟通问题，比如与语言沟通相关的语言理解、人际关系、社会适应、社会参与等方面都会受到影响。听力残疾人获取信息的渠道主要是视觉，部分有残余听力或者佩戴助听器的听力残疾人还会使用听觉。视觉虽然包含的信息量大，但是对信息之间关系的判断性较低，只依靠视觉的直观性观察很难判断事物之间的联系性，因此听力残疾人在信息获取时对信息关联性的判断会受到限制，对直观感受的事物之间的逻辑关系进行分析、综合和判断有一定困难，因而对事物的内涵及其关联性的判断或有一定影响。

助残提示

1. 提供声音技术的帮助：声音技术主要包括助听器或者人工耳蜗。助听器是一种增大声音的装置，可以戴在耳背后面，也可以植入耳朵里，或者挂在身体上。人工耳蜗是一种直接刺激听觉神经的装置，需要通过手术植入耳后的皮肤下面。

2. 手语翻译的帮助：手语翻译是使用特定的手势将人们表达的语言翻译给聋人的一种对声音的替代性方法，也是聋人最喜欢的一种沟通与交流方式。

3. 计算机辅助技术：计算机辅助技术也是聋人集会或学习时常用的方法，比如像语音识别技术、电视屏幕、文本电话等方法。

4. 特殊的信号提示：在一些特殊的环境中可以采用特殊的信号用于提示聋人，比如灯光、振动等方法。

（本案例取自中国聋人协会和舒耘导医服务团队）

第五节　爱让肢体残疾人重生

“脊髓损伤者生活重建培训项目”是北京市东城区脊髓损伤者中途之家（以下简称“北京中途之家”）在中国残联领导的关怀、北京市残联领导的支持和东城区残联的帮助下，创设的帮助肢残人的助残志愿服务项目。

“脊髓损伤者生活重建培训项目”以同僚服务（伤友服务于伤友）为核心，针对脊髓损伤者心理、生活自理、社会适应、社区居住等能力，通过陪伴、激励、协助开展互助互益的培训和活动。生活重建培训项目的训练内容是针对伤友现实生活不同阶段的需求而设计的，包括体能、社会适应、咨商辅导、职前训练、社区居住等全方位的课程及训练，把伤友原本需要几年甚至十几年的适应期，缩短为几个月，最终达到让伤友认识自己的能力并加以发挥，使他们找回失去的自我照顾、行动、经济等能力，从而减轻伤友家庭和社会的负担。

伤友是重度肢体残疾人，也是公认的重度肢体残疾人中最痛苦的一个群体，由于常年被主观或客观原因困在家中已经成为了社会中的“隐形人”，所以助残志愿服务工作就是从如何找到伤友开始。

首先，组建伤友访视团队，由伤友和志愿者组成的“伤友访视团队”，通过网络、电话及上门的方式在医院、社区开展工作。

其次，组建伤友个管团队，访视团队将寻找到的伤友转介给伤友个管团队，团队中的伤友个管员负责对伤友的方方面面进行评估，包括身体状况、家庭关系、心理问题、既有技能等。个管员就像一名伤友的经纪人，从伤友进入系统内开始服务的那一刻开始，个管员会时刻监控伤友的各种情况，根据伤友的实际需要调配各种资源进行辅助支持，一直到这名伤友离开这个世界。

第三，组建伤友训练团队，伤友训练员都是伤友中的精英，可以在体能、技能、护理知识、心理辅助等方面全方位地培训伤友。为每一名受训伤友学员制订个性化的培训计划，这个计划就是在伤友个管员和伤友训练员的协同下完成的。对伤友需要解决的问题进行培训，如大小便的处理、褥疮的预防、痉挛的对应方式等，还有翻身、上下床、洗漱、推轮椅技巧等问题。在培训过程中，训练员会分别演示 5 到 7 种不同的操作方法，然后由每一名伤友学员选取一种最适合自己的方式进行训练。训练员的工作目标是让伤友回到自己的环境时能够实现生活自理。

“伤友访视团队”在日常工作中通过线上宣传和线下活动搜寻伤友。线上部分通过自营的中国脊髓损伤论坛、北京中途之家微信公众号、网上众筹平台，以及人民网、新华社新媒体中心、中国网等合作媒体平台的宣传，普及生活重建、通用无障碍等理念，推广艺术团、巧手团、言悟堂等兴趣社团，吸引伤友关注并进行用户转化；线下部分通过与残联等政府组织、电视媒体、各类助残组织、医疗机构、大学院校等合作，开展多种多样的活动，扩大面、顾及点地吸纳伤友。

“脊髓损伤者生活重建”服务项目在不到两个月的时间里，通过一系列专业课程协助脊髓损伤者从忧郁期成功过渡到适应期，期间节约的是社会性救助、医疗投入和家庭性医疗、劳动力投入的时间成本。在项目设计的环节中，北京新生命联合辅具、中医、康复、心理等专业机构组成了联合服务团队，打通了志愿服务的专业经脉。通过邀请服务团队志愿者与伤友共同参与社会活动、共同开展文体活动的形式，促进服务方的专业志愿者与服务对象的残疾人在志愿服务过程中共同成长，走进服务对象生活和心里的志愿者才能以最佳状态开展适合服务对象的志愿服务。

通过服务与实践，我们发现脊髓损伤者需要激励，而不是庇护。当一个伤友的潜能被开发后，相信他同样可以实现个人和社会价值。但是，这样的理念还需要推广，不仅需要让社会各界接触脊髓损伤、了解脊髓损伤，更加需要让脊髓损伤伤友能够直面脊髓损伤，重新燃起对生活的自信与希望，使伤友能够正确了解脊髓损伤，避免国家、社会及家庭在功能性康复上不必要的损耗与浪费。

肢体残疾是指人体运动系统的结构、功能损伤造成的四肢残缺或四肢、躯干麻痹（瘫痪）、畸形等导致人体运动功能不同程度丧失，以及活动受限。肢体残疾主要包括：

1. 上肢或下肢因伤、病或发育异常所致的缺失、畸形或功能障碍；

2. 脊柱因伤、病或发育异常所致的畸形或功能障碍；

3. 中枢、周围神经因伤、病或发育异常造成躯干或四肢的功能障碍。

肢体残疾按人体运动功能丧失、活动受限、参与局限的程度分级（不配戴假肢、矫形器及其他辅助器具）。分为四级：

1. 肢体残疾一级：不能独立实现日常生活活动，并具备下列状况之一：

① 四肢瘫：四肢运动功能重度丧失；

② 截瘫：双下肢运动功能完全丧失；

③ 偏瘫：一侧肢体运动功能完全丧失；

④ 单全上肢和双小腿缺失；

⑤ 单全下肢和双前臂缺失；

⑥ 双上臂和单大腿（或单小腿）缺失；

⑦ 双全上肢或双全下肢缺失；

⑧ 四肢在手指掌指关节（含）和足跗跖关节（含）以上不同部位缺失；

⑨ 双上肢功能极重度障碍或三肢功能重度障碍。

2. 肢体残疾二级：基本上不能独立实现日常生活活动，并具备下列状况之一：

① 偏瘫或截瘫，残肢保留少许功能（不能独立行走）；

② 双上臂或双前臂缺失；

③ 双大腿缺失；

④ 单全上肢和单大腿缺失；

⑤ 单全下肢和单上臂缺失；

⑥ 三肢在手指掌指关节（含）和足跗跖关节（含）以上不同部位缺失（一级中的情况除外）；

⑦ 二肢功能重度障碍或三肢功能中度障碍。

3. 肢体残疾三级：能部分独立实现日常生活活动，并具备下列状况之一：

① 双小腿缺失；

② 单前臂及其以上缺失；

③ 单大腿及其以上缺失；

④ 双手拇指或双手拇指以外其他手指全缺失；

⑤ 二肢在手指掌指关节（含）和足跗跖关节（含）以上不同部位缺失（二级中的情况除外）；

⑥ 一肢功能重度障碍或二肢功能中度障碍。

4. 肢体残疾四级：基本上能独立实现日常生活活动，并具备下列状况之一：

① 单小腿缺失；

② 双下肢不等长，差距大于等于 50mm；

③ 脊柱强（僵）直；

④ 脊柱畸形，后凸大于 70 度或侧凸大于 45 度；

⑤ 单手拇指以外其他四指全缺失；

⑥ 单手拇指全缺失；

⑦ 单足跗跖关节以上缺失；

⑧ 双足趾完全缺失或失去功能；

⑨ 侏儒症（身高小于等于 1300mm 的成年人）；

⑩ 一肢功能中度障碍或两肢功能轻度障碍；

⑪ 类似上述的其他肢体功能障碍。

肢体残疾通常会导致人的损伤，尤其是某些生理能力（功能）丧失，特别是社会上某些不正确的价值观所带来的不公正的态度，使得肢残人的参与社会生活的机会减少，参与社会生活的障碍增加。

助残提示

1. 根据不同情况制订不同的帮助计划；

2. 重点关注生活自理能力和心理的帮助与支持；

3. 多进行生活自理能力的训练，以增加生活的信心；

4. 通过心理辅导疏散肢体残疾人的悲观情绪；

5. 组织社会实践活动，以便其康复后更好地融入社会。

（本案例由北京市东城区脊髓损伤者中途之家提供）

第六节　爱成就了央视手语主播周晔的特教教师梦

高挑身材，清秀的面庞，总是面带着微笑，给人一种亲切感，说话办事干脆利索，爽快得像个东北人，这就是东城特教学校的校长周晔，现在的央视手语主播。她把三十多年的热血与青春献给了那些听障孩子，而那些孩子们把她当挚友，当成引领他们不断成长的师长，她就是这样一位一心要把这些听障孩子培养成淑女和绅士的校长。

其实，让周晔坚定做一名特教老师的是她的那些听障学生。一次，她因身体不适没去学校，下午两点下课后，一群听障孩子不知走了多少冤枉路，直到天黑才摸到周校长的家，就是为了给老师送药。听障孩子们纯真的爱深深地打动了周晔。

正是这份感动让周晔在这个特教教师岗位上，一干就是三十多年。2002 年 7 月，北京市第一聋人学校和东城培智中心学校合并成东城区特殊教育学校，周晔任副校长，两年后升任校长。

为了能让孩子们发声、说话，她不知付出了多少努力和心血。曾经有一位七岁的小姑娘，进校时只能说一个词，经过四年的辛勤学习，她不仅恢复了正常的会话能力，而且还获得了“全国十佳少先队员”称号，并在表彰大会上做了流畅的发言。她朗诵的《爱是世界上最美好的语言》，感动了在场的所有人。“投入一份爱，收获一份感动。”周晔说，“在这个过程中，老师们不但教育了孩子，也陶冶了自己的精神境界，净化了心灵。这种善意继而又传递给了更多的人。”

用周校长的话说："爱可以激发生命的所有可能。"尽管，这些听障孩子们可能只会发声，或者说着只有老师们才能听懂的话，或者只会使用手语，但是周校长和老师们并没有气馁，而是经常组织学生参加全国、市、区级的艺术节、科技月、作文比赛等赛事，为的就是让这些听障的孩子多与社会接触。有许多听障孩子在与正常孩子共同参加的比赛中获奖。"我们所做的这一切努力，就是想让他们回归主流社会。"周晔说。

很多孩子，经过他们的听力语言康复训练后，可以进入普通小学和中学随班就读，有的高中毕业后还考上了大学。"这些孩子给了我们很大的启发，"周晔说，"命运有时真的很残酷，但是，爱，也唯有爱可以激发生命的所有潜能。我们给得越多，他们的潜能就越大。"

经过多年的探索和研究，周校长提出了"有爱无碍教育康复，和谐发展"的办学理念和"为听障学生一生成长和生活奠基"的办学宗旨，形成以九年义务教育为中心、以学前教育与职业教育为纵向延伸、随班就读与社区康复为横向延伸的"十字型"办学格局，以教师文化、学生文化、制度文化、课程文化等10种文化滋养全校师生。

多年与听障孩子相处，周校长深深懂得爱的含义："爱是尊重，是平等，是无私，是永不放弃。让我们用爱心关注听障儿童，用双手帮助听障儿童，用广阔的胸怀拥抱听障儿童。尊重每一个生命，分享每一刻成功。"在周校长的倡导下，东城区特殊教育学校提出观念创新、内容创新、技术创新的"三新式"为师准则，号召老师用温暖慈祥的母爱、高尚睿智的师爱和康复身心的医生之爱，为听障学生扬起希望之帆。正是这样一种对爱的理解和对爱的诠释，成就了周校长30多年的特殊经历，更成就了她别样精彩的人生。

1995年，周晔校长开始做手语主播，跟央视的罗京、王宁都合作过，尽管很难，既紧张又辛苦，但教孩子们说话，为听障孩子做手语翻译，至今她没后悔过。让听障孩子说话可以改变他们的命运，让听障孩子多与别人交流能扩大视野，看着这些孩子们，周校长就觉得自己很美："这种美才是我想要的。"

现在，周校长又在做特教专业的硕士生导师，她希望能培养更多的教师能去帮助那些听障的孩子，希望有更多地年轻人像她一样实现做一名特教教师的梦想。

通过以上案例，可以感到，爱心是助残志愿服务的前提。爱因斯坦曾说："对于我来说，生命的意义在于设身处地替人着想，忧他人之忧，乐他人之乐。"爱心让一个被爱的生命有了意义和存在的价值，更让施予爱心的人得到了生命的安宁和升华。母爱是一种温柔、热情或慈爱；父爱同母爱一样的无私，他不求回报，是一种默默无闻，寓于无形之中的一种感情，只有用心的人才能体会。志愿者的爱是一种心愿，希望挽着你的手、看到你灿烂的笑容，更是一种不需要回报的爱。志愿者始终以"助人助己，乐人乐己"为信仰，志愿服务始终以爱心为前提，发自内心地去服务社会，帮助困难中的人，散播温暖，传递爱心。就像莎士比亚所言："幸福于受施的人，也同样给幸福于施与的人。"

第二章
理解是做好助残志愿服务的基础

理解就是指通常我们对事物或问题的了解和领会，是通过大脑对事物或问题分析后对事物或问题本质的认识。理解与概念和问题都有密切关系，有时是互相重叠的。理解是个体对事情的逻辑表示赞同，对事情的逻辑关系表示承认。理解常以问题解决的方式来进行，就是对提出的问题所给予的回答。对事物或问题理解的标志可以体现在两个方面，一方面是对所理解的对象能用自己的话表达出来，另一方面是根据对对象的理解能够独立完成所需要的行为。良好的理解应是语言和行为二者的有机结合。

第一节　“人所不能者，即是限制，即是残疾”

“人所不能者，即是限制，即是残疾。”这句话是我国著名作家史铁生对残疾进行哲学思考后得出的结论。

史铁生，中国作家、散文家。史铁生 1951 年出生于北京，1967 年毕业于清华大学附属中学，1969 年去延安一带插队，因双腿瘫痪于 1972 年回到北京，后来又患肾病并发展到尿毒症，靠着每周 3 次透析维持生命，历任中国作家协会全国委员会委员，北京作家协会副主席。他自称职业是生病，业余在写作。2010 年 12 月 31 日凌晨 3 时 46 分因突发脑溢血逝世，享年 59 岁。

史铁生深受身体残疾的折磨，但是一生却充满了浪漫和智慧，他是令人敬佩的作家，他是一位用生命写作的作家。他用自己残缺的身体诠释了人类生命中最为健全而完美的思想，用他自己体验到的生命的苦难、能力的局限，向世人表达了人们追求爱情、向往快乐的美好情感。

史铁生是一个生命的奇迹，在漫长的轮椅生涯里至强至尊，用智慧攀登了一座文学高峰。史铁生没有局限于自己的残疾，而是以自己的残疾叩问自我和人类的灵魂，洞悉生命的存在。当他从命运的阴影中走出来，获得了直面人生的精神力量后，他对人的残疾有了新的见解，这种充满智慧的见解使他的精神得到了更大的解脱，使他的思想和作品进入了更加深远的境界。他发现，不仅是残疾的自己有自身的局限，而是人人都有自身的局限，不是只有自己身处人生困境，而是人人都身处各种各样的困境，局限、困境是人类所共有的。

他深深地体会到，由于残疾，他对自身生命的局限尤为敏感，他越想从这种困境中挣脱，就越是能清醒地认识到这种局限；当原有的局限突破后，新的局限又会出现。从自己的这一生命体验出发他领悟到生命最深层的痛苦在于生命追求与生命自身局限的永恒冲突。因此，他通过个人的命运看到了人类生命永恒的流变，那就是“欲望无边能力有限，是人类生来的困境”，他不再纠结一个人的残疾问题，而是开始对人本困境进行思考，领悟到了人的广义残疾。

史铁生说的广义残疾，是一种文学比喻，也就是人的命运的局限。他在作品《自言自语》中写道：“时空是无边无垠的，然而人一来到此世，即进入有形和局限中，因此人面临着三大困境：第一，人注定只能是自己，与他人无法沟通，这意味着孤独；第二，人实现欲望的能力赶不上他产生欲望的能力，这意味着痛苦；第三，人不想死，而人生来就在走向死亡，这意味着恐惧。”“人所不能者，即是限制，即是残疾。”从这个意义来解释，残疾问题是人人都可能遇到的，只是时间早晚的问题。史铁生能看到人人所不能，正是他的智慧所在，也是他得以解脱的依据。史铁生从自身残疾的经历和作家的哲学思考中，对残疾给出了一个清晰的解释。他从自身的局限中看到了作为人的更大局限，身体残疾虽然使他的生活空间狭小，但是却促使他的精神世界更加深邃和广袤，进而使他从对命运的感叹走向对生命的诘问。

史铁生对残疾的文学解释，在现实生活中也可以得到验证。《残疾人权利公约》认为残疾是一个演变中的概念，残疾是伤残者和阻碍他们在与其他人平等的基础上充分和切实地参与社会的各种态度和环境障碍相互作用所产生的。可以认为，残疾在人的生命的每一个阶段和过程中都有可能发生，有的人天生有肢体、精神、智力或感官的损伤，有的人可能后天因疾病或意外伤害或衰老等各种各样的原因造成损伤而加入残疾人的队列；残疾是社会中阻挠残疾人平等参与社会生活的各种歧视和偏见造成的，比如有人会认为智障人什么都不懂、听障人什么也听不见、视障人什么也看不见、肢残人无法行动，所以他们就什么也做不了，等等。残疾是社会生活环境中存在的各种障碍造成的，比如建筑物和公共设施中没有电梯和坡道、公共集会中没有手语翻译、社会生活中缺少一些辅助设施和措施等。

因此，残疾不是残疾者个人或残疾群体的个性问题，而是整个社会的问题，人需要与社会成员的互动、需要在与社会的互动中生存、生活和发展，如果全社会不存在态度上的偏见和歧视、不存在环境设施的障碍，人类社会中也就不存在残疾和非残疾之分了。

第二节　人为什么会残疾

残疾是人类社会发展进程中存在的不可避免的社会现象，是人类科学技术发展必然付出的社会代价，也是推动人类社会文明进步发展的动力。

世界卫生组织按照残疾的性质、程度和影响，将残疾分为损伤、残疾和残障：

损伤——损伤主要是指人身体结构、生理和心理功能存在的一定程度的病损，使个人的心智活动受到限制，独立生活、工作、学习受到影响，但个人生活还能够自理，影响主要在组织器官水平上，反映了器官水平的失调，主要是需要进行临床治疗和功能训练，防止发生功能障碍。

能力缺失——能力缺失是指由于损伤造成了身体组织结构和功能的病损较严重，使个体的心智活动存在明显障碍，以至于个体不能以正常的方式进行独立的日常活动，影响主要在个体的功能水平上和个体的活动能力上，反映了个体的能力水平，这种状况可能是暂时的，也可能是永久的，需要进行康复训练以发展代偿能力或配备器具辅助以补偿能力的不足。

残障——残障是指损伤和残疾导致了个体功能缺损和个体能力障碍比较严重，不但使个体的生活自理受到影响，还影响到个体的学习和工作，导致社会生活能力丧失，限制和阻碍了正常的社会参与，除了需要进行必要的康复训练外，还需要进行社会调整和改善，以帮助个体重返社会，重新适应社会生活、学习和工作。

生活在现实生活中的人们，随时都有可能发生损伤，或者由损伤导致残疾或残障，只是程度不同而已。根据第二次残疾人抽样调查，我们国家有残疾人 8296 万人，占到 6.34%。在第二次全国残疾人抽样调查中，残疾类别主要包括视力残疾、听力残疾、言语残疾、肢体残疾、智力残疾、精神残疾六类。凡有两种及两种以上残疾的人，均被列为多重残疾。

是什么原因导致的残疾？各残疾类型造成残疾的原因很多，根据其致残作用机理主要可分为三类：遗传和发育、环境和行为、疾病和外伤；三者交互作用形成先天性残疾或后天性残疾，其中遗传和发育、环境和行为交互作用形成了先天性残疾，环境和行为、疾病和外伤交互作用形成后天性残疾。先天性残疾包括遗传性残疾和非遗传性残疾，后天性残疾包括传染病疾病致残、非传染性疾病（包括躯体疾病、精神疾病和营养失调）致残，和创伤及伤害致残。

研究显示（崔斌等，2009）：先天性残疾占9.57%，后天性残疾占74.67%。在先天性残疾中，非遗传性残疾所占比例最高，占68.91%；而后天残疾中，非传染性疾病致残最高，占71.58%；其次是创伤及伤害致残占16.65%，传染性疾病致残占11.77%。

具体致残的原因如下：

不同残疾类型的致残原因——遗传和发育缺陷是造成智力残疾和言语残疾的主要原因，而且致残原因不明的比例也比较高，约占各类残疾原因的35%—50%；视力残疾、听力残疾、肢体残疾、精神残疾等残疾类型致残原因主要是后天造成的，比如非传染性疾病、创伤及伤害等，比例接近30%。

不同性别人群的致残原因——男性致残的原因主要是创伤和伤害，还有遗传和发育缺陷，以及不明原因，所占比例远远高于女性，尤其是导致残疾的创伤及伤害，只有非传染性疾病致残的比例比女性低约10%。

不同年龄人群的致残原因——导致婴幼儿残疾的主要原因是遗传和发育缺陷或者不明原因；随着幼儿的年龄增长，遗传和发育缺陷致残的原因的比例逐渐下降，但是后天致残原因的比例逐渐上升。比如 0—4 岁婴幼儿中因遗传性和发育缺陷导致残疾的比例大约占到 30%，另外还有 30% 左右的残疾发生原因不明。但是遗传、发育缺陷和后天致残的三种原因中残疾的变化趋势并不相同，比如因创伤及伤害致残的比例在工作年龄段都比较稳定并维持在较高水平上，到了退休年龄后则迅速下降；传染性疾病致残的比例在 5—15 岁年龄段所占的比例最高，然后随着年龄的增长又有所下降；非传染性疾病致残的比例则随着年龄的增长一直呈上升趋势。

不同收入水平人群的致残原因——在不同收入水平人群中，遗传、发育障碍和传染性疾病及不明原因导致的残疾随着收入水平的提高而呈下降趋势，但是非传染性疾病致残及创伤和伤害致残的比例则有随着收入水平升高而呈增长的趋势。

不管致残的原因如何，残疾并不是一定要发生的，多数残疾是可以预防的，而且多数残疾导致的伤害也是可以预防的。科学技术可以控制或减少残疾的发生，比如食用碘盐可以让智力残疾减少三分之一，注射脊髓灰质炎疫苗可以使脊髓灰质炎得到控制。天花已经灭绝，脑炎和中耳炎等也可以预防。

预防是征服残疾的有效措施，目前国际上和我国对残疾的预防主要采取以下措施：

建立非致残环境——建立非致残环境是主要的措施，比如减少“武装冲突环境”“极度贫困环境”，这两种环境是致残的主要环境。

做好重点工作——国家层面重点是发展中国家，年龄层面重点是儿童，预防层面重点是一级预防和二级预防，可能致残的疾病层面重点是早发现、早干预。

通过立法保障预防措施——立法主要是为了保障预防措施的强制执行，如优生优育的法规、安全生产的法规、交通安全的法规、环境保护的法规等。

进行宣传教育——通过科普宣传，使人们了解预防残疾发生的知识和方法。

第三节　残疾对人有什么影响

世界卫生组织（WHO）根据不同程度的残疾对人及社会功能影响的不同情况，将残疾分为损伤（impaiment）、能力缺失（disablility）、残障（handicap）三类。我们可以认为这三类残疾实际预示着残疾对人在生理、心理、社会文化等方面的影响。

一、视力残疾对人的影响

视力残疾主要影响人的视觉器官和功能。视力残疾导致视觉部分或全部丧失，视觉器官只能感知部分视觉信息或不太清晰的视觉信息，使个体的视觉经验缺失或不完整，难以形成或形成不了完整的视觉表象。

但是，在视觉功能丧失的同时，视力残疾人的听觉和触觉等功能相对增强，可以补偿视觉功能的缺陷，比如可以依靠听觉进行学习和交流，可以利用触觉器官进行自我保护或定位等。视力残疾人中不乏在听觉等方面“超常”的人，他们在音乐领域获取能够取得超凡的成绩。如果能够得到特殊的训练和帮助，绝大多数视力残疾人能够成为社会生活的参与者和积极的贡献者。

视力的丧失不仅导致视觉功能方面的障碍，更主要的是视力残疾会让人感到在环境中的无助感，尤其是在没有人引导的公共场所。如果没有特别的训练，视力残疾将会导致视力残疾人对环境控制的丧失，自己与环境之间关系的不确定，无法安全和优雅地行走，不能有效地参与各种社会活动，无法理解各种不同的概念。在以视力正常人为主的社会环境中，视力残疾人还是有诸多的不便利和不适应的方面，在许多情况下会感到无能为力或者无奈，因而常常感到焦虑、自卑、缺乏自信及归属感。

二、听力残疾对人的影响

听力残疾主要影响人的听觉器官和功能。听力残疾导致听觉部分或全部丧失，听觉器官只能感知部分听觉信息或不太清晰的听觉信息，听力残疾个体很难通过听觉直接与外界的交流，或者通过听觉去获取相关的听觉方面的信息，相对来讲词汇量较少，对一些概念的理解有困难，无法感受他人的语气。

听力残疾不仅影响人的“听”，更多地影响人的“说”。听力残疾人不能像健听人那样，通过听觉判断和模仿学习语言，因此说话时要不声音太大，要不声音太小，要不就是发音不清楚，令人很难理解。因此，在日常生活中，如果没有特别的帮助，听力残疾人在与人交流方面将会存在很大的困难。听力损失比较严重的听力残疾人，常会感到孤独、不快乐，很难与他人成为朋友，尤其是后天丧失听力的人。

虽然听力丧失使听力残疾人在与他人沟通时产生许多的障碍，但是较强的视觉能力可以帮助他们，比如听力残疾人可以通过看口型或者使用读唇技巧顺畅地与他人交流，或者使用手语同他人进行沟通。听力残疾人较强的视觉感受能力，不仅能够帮助他们与他人进行交流，还能帮助他们更好地适应社会环境，并成为社会生活的积极参与者。

三、言语残疾对人的影响

言语残疾主要是影响人们的言语器官与功能。言语残疾导致人们的发音产生异常，言语表达出现“口吃”等问题，还有声音异常、词语的理解和使用等方面的问题，这些问题使他们在与他人沟通时，容易引起别人对言语本身的关注，妨碍与他人之间的沟通，影响他人对沟通内容的误解。

说是人们进行口头表达的方式，也是人们在沟通过程中速度最快、沟通最有效的方法。当存在发音问题时，由于发音不准确，许多言语表达不能被他人理解，会削弱沟通效果；正常的言语具有一定的节奏和速度，抑扬顿挫恰当自如，当言语沟通的速度、节奏、流畅性不恰当时，就会干扰交流的正常进行；声音异常会让人们感觉不舒服，分散听话者的注意力；而言语障碍者，常常在语言技能方面存在速度和顺序的不合理。这些言语方面的障碍，通常会使言语障碍者在与他人沟通和交流时处于被动的地位，不会主动与他人谈话或交流，产生自卑心理。

口头沟通的目的主要是使人们之间通过信息的交流，更快和更便捷地相互理解，因此在与言语残疾者交流时，要尽可能多地关注交流的信息，少关注他们的发音、流畅性、声音和语言等方面的问题。

四、肢体残疾对人的影响

肢体残疾主要影响人们的运动器官和功能。肢体残疾导致运动器官部分或全部缺失。

运动功能部分或全部丧失，影响个体的日常生活活动。肢体残损的部位和程度不同，对个体运动功能和能力的影响也不同，运动器官残损越多，对个体的能力影响越大。

肢体残疾主要会对个体的个性心理产生影响。人是一个需要经常活动、经常与他人进行沟通与交流的群体，而肢体运动的障碍限制了一个人与他人、与环境的互动，这种限制或不利对人的个性、心理产生极大的影响。肢体残疾人由于不能完全独立地行动，经常需要他人的帮助，容易产生依赖性；由于肢体的残损，在生活中容易引起他人的关注，容易产生自卑感；由于肢体残疾引发行动不便，不能经常与他人进行交流，容易产生负面情绪。

肢体残疾还会使人的活动范围受到限制。由于肢体的障碍，在没有无障碍的环境中，肢体残疾人的行动将会受到极大的制约，无法进行独立的活动，进而会阻止肢体残疾个体参与各种社会活动。但是，社会环境中各种人性化的适应性设备的设置会极大地改进肢体残疾个体参与各种社会活动的状况。

五、智力残疾对人的影响

智力残疾主要对人的大脑和功能产生影响，这种影响不仅涉及人的神经系统结构，还会涉及个体的功能、活动参与和适应性行为，他们的智力水平显著地低于一般人的水平，智力水平较低的个体甚至在生长发育和健康水平方面也存在着较大的差异。

智力残疾对个体的影响是多方面的，并且在人生的不同阶段都会对个体产生影响。在青少年阶段，主要对个体的认知功能产生较大的影响，比如无法识记各种知识，不能理解各种概念，缺少学习的动机和兴趣。在成年阶段，不能独立生活，缺乏自我保护意识，不能正确处理成年人应该面对的各种问题。这种影响，使得智力残疾个体需要人们给予各种支持与帮助，终身都需要监护。

智力残疾对个体的社会生活能力产生影响。由于智力残疾导致的认知水平较低，智力残疾个体无法理解生活中的各种问题，尤其表现在生活自理能力、社会交往能力、婚姻与家庭问题处理能力、就业能力、安全及人际关系等方面。智力残疾个体在社会生活方面，终身需要人们的帮助。

六、精神残疾对人的影响

精神残疾属于神经系统方面的疾病，主要影响人的大脑神经功能，对个体的影响是多方面的，而且千差万别。常见的精神残疾主要有自闭症、注意力缺陷、多动障碍、抽动障碍、精神分裂症、癫痫、普遍的焦虑症、强迫症、抑郁症等。

精神残疾影响个体的性格。性格与常人不一样，比如孤僻、不愿见人、常常发呆、独自发笑、悲观厌世、对人冷漠、对事物的兴趣降低、整天疑神疑鬼、情绪多变、对他人怀有敌意、无故发脾气或者紧张恐惧、长期回避社交和工作等。

精神残疾影响个体的行为。行为让人不可理解，比如长时间照镜子、整天不洗脸梳头、工作能力下降、睡眠日夜颠倒、走路爱靠墙根、穿着打扮怪异、不愿做家务、对人和事纠缠不清、整日卧床不起、好管闲事、无故摔砸物品、收藏杂物等。

精神残疾影响个体的言语表达。个体说话的方式不正常，比如自己和自己说话，无故大吵大闹，满口脏话，与实际不存在的人对骂，爱说的人不爱说了或者不爱说的人爱说了，说的话或者深奥难懂，或者不符合逻辑，或者前言不搭后语，爱提一些“耳朵为什么不会吃饭”之类的问题，说有人背后议论自己，窗外有人说自己的坏话，广播电视节目专门针对自己等。

精神残疾对人的认识、情感、意志、动作行为等心理活动均可产生持久的明显的影响。这种异常表现使得个体不能正常的学习、工作、生活，日常动作行为难以被一般人理解，在病态心理的支配下，有自杀，或攻击、伤害他人的行为。

七、多重残疾对人的影响

多重残疾往往是指那些在智力、身体和社会功能方面残疾程度比较严重的残疾人，这一类残疾人在认知、交流、社会技能发展、大运动和日常生活技能方面存在极严重的障碍，常见的有盲聋、智力低下的脑瘫患者等。

多重残疾对人的影响是多方面的，首先是认知方面的影响，比如学习速度缓慢等；其次是身体和运动方面的影响，主要表现为运动障碍，比如不能行走、不能保持独立站姿和坐姿，缓慢地拿起物品等；影响生活自理能力，比如不能独立地穿衣、吃饭、大小便等；影响沟通与交流，对现实世界没有任何反应，没有任何情绪的变化等。

多重残疾个体给人们留下的印象通常都比较无奈，他们中的绝大多数都需要特殊的服务和照料，特别是需要医疗的服务和帮助，但是他们的坚持和乐观却能给人们留下极深刻的印象，比如海伦·凯勒。

第四节　残疾人需要哪些特殊帮助

在日常生活中，人们难免需要他人的帮助。由于生理或心理方面的功能障碍，与普通人相比，残疾人需要帮助的地方可能多一些，并且不同类型的残疾人需要的帮助也不同存在一些差异。这些差异不仅是方式与方法上的差异，还是理念与技术上的差异。我们应该根据残疾人的具体需求，对环境或设施进行适当而必要的改造和调整，以确保残疾人与其他人平等地享有或行使一切基本人权和自由为基本原则。

一、视力残疾人

视力残疾人最主要的问题是无法获得视觉通道的信息。人类大约有 85% 左右的信息都是通过视觉获得的，因而视力残疾导致视力残疾人在日常生活中不能自由行动，不能通过视觉捕捉信息，活动范围受到极大的限制，因此帮助盲人自由行动、补偿视觉功能就显得非常重要。

（一）定向与行走技术

定向与行走是一门专门教授视力残疾人运用还能发挥作用的感觉器官独立、安全、自如、优雅地行走的一门科学。所谓的独立，可以解释为完成一项指定工作的能力，或完全不用别人帮助而照顾自己的能力；对于盲人而言，就是指在熟悉的环境中，或是在局部危险的情况下，能够完全地独自行走的能力；在不熟悉的环境中，他人给予最少的帮助就能独自完成行走活动的能力。

定向是指人对所处环境中所有重要物体与自己之间的相对概念或意识，也就说以周围物体为参照物进行确定自己所处的位置或自己所要到达的位置。定向训练是教会盲人如何理解自己与其他物体的关系、面对的方向、行走的距离，训练盲人学会在脑子中构成一幅自己周围环境的“图”；还要教会盲人如何在环境中寻找线索帮助自己找到路，还应教会盲人最大限度地运用自己的残余视力，协助自己定位。他们需要掌握的定向技能有：方向辨别、阳光定向、时钟定向、线索与路标定向、触觉与心理地图定向等。

行走是指从一个地方到另一个地方（目的地）的移动能力。行走训练可以教会盲人比原来更安全地、更优雅地、更自如地，关键是更自信地行走。他们需要掌握行走的方法有：独自行走、跟随行走、使用盲杖行走、使用导盲犬行走（助行器）等。

（二）盲文

盲文或称点字，以六个凸点为基本结构的、依靠触觉感知的盲人专用文字，它是由法国盲人路易·布莱尔于1829年创造的，故国际上通常称盲文为“布莱尔（Braille）”。盲文由点符构成，点符的基本结构是六个点，上中下各两个，距离相等，呈长方形，左上为1，左中为2，左下为3，右上为4，右中为5，右下为6，可以变换为63个符形。盲文的书写要使用书写工具——写字板和写字笔，书写和摸读的规则是反写正读，也就是书写从右向左写，摸读的时候是从左向右读。

中国的盲文由黄乃先生于1952年推出，他参照布莱尔盲文系统结构，以注音字母为基础、采用分词方法拼写普通话的《新盲字方案》，也称为现行盲文。现行盲文是一种拼音形式的文字，因此由字母、声调和标点三部分组成，以北京语音为拼音标准。

目前我们国家使用的基于普通话基础的盲文有两种，双拼盲文和现行盲文。盲文是盲人的书面语言，一般来讲主要是全盲的人，也就是常说的一级和二级视力残疾人使用。目前国家正在进行通用盲文标准的研究。

（三）辅助性技术设备

视觉辅助设备一般是供给低视力人群使用的，也就是三级和四级视力残疾人使用的设备。常用的有助视器，助视器通常分为光学助视器和非光学助视器，光学助视器主要是放大镜，非光学助视器主要包括照明灯、阅读架、电子助视器等。视觉辅助设备还有盲文打字机、盲文刻印机、盲文复印机、盲人阅读器、点显器、计算机、大字印刷品、光学眼镜、滤色镜、望远镜等。

非视觉辅助设备主要利用视觉以外的其他感觉器官的感觉功能的设备，主要有电子导盲装置、定位系统、听觉提示设备（语音站牌、语音交通灯、语音钟表、盲用手机、读屏软件、盲人门球和乒乓球、读书机、听书郎等）、触觉提示设备（盲杖、盲用地图、盲道、盲文等）。

另外，盲人还可以使用导盲犬协助定向与行走。

二、听力残疾人

听力残疾人最主要的问题是听力障碍，听力障碍导致听力残疾人在日常生活中听不到或听不清周围环境声及言语声，影响日常沟通中的理解与交流，因此手语是听力残疾人非常便捷和常用的沟通方式。

（一）手语

手语是指通过手指的动作、位置、形状所代表的不同意义，结合相应的面部表情和体态语言，按照一定的规则，依靠视觉识别信息，表达思想和进行交流与沟通的聋人专门使用的口头语言。手语分为自然手语和文法手语；自然手语是指通过手势、身体姿态和面部表情形象地表达事物的含义和包含的沟通信息的手语，聋人之间的沟通常会使用自然手语；文法手语是指通过手指的形状和动作按照汉语语法规则表达思想的手语，健听人与聋人沟通时通常会使用文法手语。

中国手语是 1987 年 5 月在山东泰安召开的第三次全国手语工作会上提出的，倡导者是时任中国聋人协会副主席富志伟，是指中国聋人使用的、具有自己的语法体系的自然手语。中国手语也有“地方方言”，包括北京手语、上海手语、南京手语等各地“方言”。目前国家正在进行通用手语的研究。

（二）辅助性技术设备

听觉辅助设备主要是指助听器。助听器一种能够对外界声音进行放大、处理的个体使用的小型扩音器。助听器的种类很多，如果按照传导方式区分可以分为气导和骨导助听器，如果按照形状区分可以分为盒式、耳背式、耳内式、耳道式等类助听器，如果按照技术电路区分可以分为模拟、数字编程和全数字等类助听器。还可以使用无线调频（FM）系统、磁电感应装置、骨导电话机、扩音电话等。助听器虽然能够增加聋人的声音知觉，但是由于声音放大后的失真感觉会影响聋人对声音的感知和体验，因此助听器越早佩戴越好。

非听觉辅助设备主要利用听觉以外的其他感觉器官的感觉功

能的设备，主要有闪光铃、震动闹钟、震动叫醒器、可视电话和手机、言语—文本翻译服务器、电视字幕、文本电话、声光联动等设备。

另外，聋人还可以使用导聋犬协助完成与声音有关的功能性活动。

三、言语残疾人

言语残疾主要是影响言语残疾人与交流者之间对语词及语义的理解与表达，在帮助言语残疾人时如何能使交流双方互相理解所要表达意思就显得非常重要。必要的辅助技术设备将有助于言语残疾人的沟通与交流，目前程度较重的言语残疾人使用的主要是辅助替代沟通技术与设备。

（一）符号设置技术

符号设置技术的主要方法是，选择言语残疾人经常在交流中使用到的词汇，然后设计一套能代表这些词汇符号，并能够一一对应，把这些对应关系教给言语残疾人。所选择的符号系统可以是图片、图画或者是象形表意符号，比如比较为人熟知的“布利斯符号”，就是通过几何图形及其组合来表示概念。

（二）符号选择技术

符号选择技术的主要方法是，通过直接选择、扫描式选择、编码式选择符号的方法，帮助言语残疾人与人们进行沟通的方法。直接选择符号是指言语残疾人使用肢体或者固定在肢体上的小棒选择代表所要表达意思的符号的方法。当选择的符号比较简单或者符号之间距离不大时，可以采取这个方法。扫描式选择符号方法是指，当要选择的符号比较多或者距离比较大的时候，言语残疾人可以使用目光追踪来选择或者选定符号，或者辅助人员协助选择。编码式选择符号方法是指，言语残疾人选择一组具有一定意义的符号标志，与之沟通的人按照所选择符号去找对应的要表达的意思，从而实现言语残疾人与他人的沟通。符号可以做成纸板（沟通板）的形式，也可以利用信息技术做成触屏（沟通器）或者电脑辅助设备。

（三）符号传送技术

符号传送技术是指，当词汇和符号设置完成后，使用沟通板或者图片夹或者相册等形式传送符号，表达言语残疾人的思想和想法的方法。一般来讲，一名言语残疾人有可能会同时使用多个符号传送方式来表达不同的意思。

四、肢体残疾人

肢体残疾主要影响人体的运动功能，使人们的日常活动受到限制，影响社会生活的参与，因此帮助肢体残疾人恢复肢体功能，减少日常活动的限制，提供参与社会生活的便利就显得非常重要。由于肢体残疾人肢体功能受损情况比较复杂，功能受限的情况千差万别，对其帮助的方式与方法也需要充分考虑肢体残疾人的需求。针对肢体残疾的个别差异，可以考虑提供健康护理、康复训练、环境支持、辅具支持等方式。

（一）健康护理

肢体残疾主要是四肢器质性疾患和损伤引起的残疾，因此日常生活中，对于程度比较重的残疾人，特别是长期卧床者或无法行动者需要提供一些特别的健康护理服务，比如排便和大小便的清洁、常用药物的服用、心理疏导，还有日常姿势、抬起和移动动作辅助等服务。

（二）康复训练

康复训练主要是指为肢体残疾人提供物理治疗和职业治疗的康复服务。物理治疗主要侧重于运动技能、动作和姿势、矫形器的运用等方面的康复训练，如果需要或条件允许还可以提供水疗、热疗和电疗等理疗服务；职业治疗主要侧重于功能性训练和有助于学习、就业、娱乐、日常生活的参与训练服务或者是辅具支持下的功能性活动训练服务。康复训练是每一位肢体残疾人都需要的服务。

（三）辅具支持

辅具支持主要是指能够帮助、促进或保持肢体残疾人的功能和能力的设备设施，通常对于不同残疾类型需要提供不同的辅具帮助。

从不同的功能需求来讲，可以包括矫形器、假肢等行走类辅具，拐杖、助行器、轮椅等移动类辅具，进食、穿戴、个人卫生、学习等自助辅具，保持一定姿势的摆位辅具等。但是对于不同病症的肢体残疾人，还需要根据具体的病症提供适宜的辅具支持，比如脑瘫患者可能需要维持身体位置和姿势的改善功能的辅具，偏瘫和截瘫患者可能还需要充气床垫、电动起立床和帮助翻身、行走的辅具。

（四）环境支持

肢体残疾虽然主要影响人体的运动功能，使身体活动和行走受到限制，但是如果周围环境能够考虑到肢体残疾人的活动需求，提供无障碍的环境设计，将会有助于提高肢体残疾人身体活动的适宜性和有效性，大大提高其身体功能和社会参与的程度。对于肢体残疾人来讲，可以考虑提供无障碍卫生间和浴室、无障碍的交通工具、电梯与升降平台、坡道；还可以提供一些更人性化的环境支持，比如银行、商店的低位柜台，可调节高度的餐桌，在大型的公共场所提供轮椅坐席、残疾人车位、无障碍客房，在人行道和人行横道两端提供坡路。

五、智力残疾人

智力残疾主要影响人的智力水平和功能水平，认知功能问题和适应行为问题导致对日常生活中遇到的问题不能正确识别，不能正确判断，以至于影响对日常生活问题的理解，影响日常活动参与。智力残疾是不能恢复的，因此在生活中需要给予智力残疾人更多的帮助，特别是需要支持策略的帮助，以利于智力残疾人融入社会，帮助智力残疾人适应社会生活。如果要想智力残疾人能够实现自我照顾和生活独立，一般需要多方面的支持性服务。

（一）咨询服务

咨询服务主要是指向智力残疾人及其家属提供解决问题的支

持性帮助。主要包括智力残疾等级的鉴定、残疾证的取得、智力残疾证明、教育问题、婚姻问题、生活问题、就业问题、福利待遇问题，等等。

（二）功能训练服务

功能训练服务主要是指向智力残疾人提供有助于提高社会适应能力的相关功能培训的支持性帮助，主要包括认知功能训练、行为训练、生活自理能力训练、适应性行为训练、劳动能力训练，等等。训练中可以使用各种感官与手眼协调训练辅助器具、感觉统合训练辅助器具、运动训练辅助器具、言语训练辅助器具、认知功能训练辅助器具、生活自理训练辅助器具、作业训练辅助器具等训练设施设备。

（三）转介服务

转介服务主要是指向智力残疾人提供更加适合个人需求的帮助，主要包括医疗转介、教育转介、康复转介、职业转介等。

六、精神残疾人

精神残疾主要影响人的认知、情感和行为功能，尤其是适应性行为问题在日常生活中很难被接受，以至于影响其日常生活和社会参与。精神残疾人一般病程较长，不愿与人交往，有些精神残疾人还有攻击性行为，生活不能自理，不能工作，因此精神残疾人的服务需求是多方面的，需要提供广泛的支持性服务，帮助精神残疾人尽快康复，回归社会。

（一）咨询服务

咨询服务主要是指向精神残疾人及其家属提供医疗、法律及相关政策的咨询，主要包括医疗设施和机构咨询，相关的救助与福利政策咨询，相关的法律援助咨询，等等。

（二）技能训练服务

技能训练服务主要是指向精神残疾人提供有关有助于精神康复和回归社会的技能训练，主要包括家居能力训练、职业技能训练、休闲娱乐技能训练。

（三）心理支持服务

心理支持服务主要是指向残疾人及其家属提供的心理服务，包括对精神残疾人提供的心理问题的诊断与处理的治疗服务，对家属提供心理支持服务。

（四）照料服务

照料服务主要是指对精神残疾人提供的辅助照看服务，包括对精神残疾人的日间照料服务，亲友“喘息”服务，长期的照料护理服务，等等。

七、多重残疾人

多重残疾人一般都是存在有两种以上残疾的人，并且残疾程度比较严重，多重残疾对人的认知、交流、社会技能发展、大运动和日常生活技能方面存在较大的影响，常常在各个方面表现出显著的问题和障碍，多重残疾人的需求千差万别，需要具体情况具体分析，通常使用替代性交流策略，比如手势、交流板或者基于信息技术的辅助技术手段。

通过以上各节内容可以看出，助残志愿者不仅需要理解残疾，更需要理解残疾人。残疾和残疾人是社会进程中必然存在的一种社会现象，也是一种客观存在。理解通常可分为直接理解和间接理解。直接理解常常是知觉的过程，间接理解是在知觉过程基础上又经过复杂的思维过程，经常是从最初模糊的、未分化的理解逐渐过渡到明确的、清楚的理解，期间经历了不同的阶段，因此间接理解总是针对复杂的、陌生的事物，并带有问题解决的特点。因此对残疾和残疾人的理解不仅需要直接的接触，更需要长期的思考、感悟。残疾和残疾人是在长期的发展过程中，逐渐形成了具有自身特点的文化现象。什么是残疾人的文化呢？中国残联党组副书记、常务副理事长王乃坤在《加强残疾人文化建设保障残疾人文化权利》一文中讲道：“残疾人文化应该是弘扬人道主义思想、讴歌自强精神的励志文化，是倡导平等友爱、包容互助的和谐文化，是践行社会主义荣辱观的道德文化，也是建设社会主义精神文明的人文文化。”这句话生动、深刻、科学地阐述了残疾人文化的内涵。高尔基曾经说过：“如果人们不会互相理解，那么他们怎么能学会默默地互相尊重呢？”希望大家都能学会理解，特别是志愿者能够学会理解残疾和残疾人。

第三章 接纳是做好助残志愿服务的根本

接纳是一种认同行为，指体认与模仿他人或团体之态度行为，使其成为个人人格一部分的心路历程，亦可解释为认可、赞同。认同的意义在于消除个体在现实生活中因无法获得成功或满足时而产生的挫折所带来的焦虑，还可以借由分享他人的成功经验，为个人带来不易得到的心理满足或增强个人的自信。比如，当我们对一个人崇拜时，就会去模仿其穿着打扮或言行。认同可以是认同一个人，也可以认同一个组织或者群体。残疾人是一个特殊的群体，提高对残疾和残疾人的接纳程度有助于做好助残志愿服务工作。作为一名普通人，接纳残疾和残疾人需要一个过程，需要改变原有的自我价值体系，需要增强同理心，需要以平等、尊重的态度，来发现残疾人身上的闪光点和优秀品质，为他们创造发展和进步的平台，使全社会看到他们的勤奋、努力和拼搏。

第一节　人与人不同是社会常态

经常会有学生问：“老师，为什么每类残疾人都不一样，而且差别还挺大？”曾经有一位读研究生的盲生对我说：“老师，你们总在说我们有这个特殊性、那个特殊性，其实你们能做的很多事情我们自己也能做。”我就想：“为什么健全学生和残疾学生对残疾和残疾人的看法有这么大的差异呢？”

我曾经与一位盲人老师一起工作。盲人在生活中存在很多的不方便，比如行走、用餐等，特别是在陌生的环境中。我们第一次在一起用餐时，饭桌上的热心人很热情地为这位盲人老师夹各种饭菜，我看到了这位盲人老师尴尬的表情但又不好意思拒绝，于是我就告诉这位盲人老师饭桌上都有什么菜，并且问他喜欢吃哪种菜，最后告诉他我把他喜欢的菜放在他盘中的什么位置上了，在盲人老师的感谢声中，我们各自开始用餐了。

其实，世界上没有长相完全一模一样的人或者思想行为始终一致的人，正是现实世界中千差万别的人构成了千姿百态的社会。人的这种多样性是由人的个别差异性决定的，人的个别差异性主要是指心理的个别差异或个性差异，即人们在性格、兴趣、能力等心理特性方面的差异，残疾人相比较而言差异的表现更大一些。残疾人是助残志愿服务的主要群体，残疾人相对于健全人来讲是一个群体特殊、类别多样、需求个性化的服务群体，志愿者理解、接受人的个别差异将有助于顺利实现助残志愿服务的目标和理想，残疾人客观地认识人的差异将有助于自身发展和得到更适合的服务，接受人的差异性将会使志愿者和残疾人之间形成高效配合，并能够真正实现双赢。

现在，人们对残疾和残疾人比以前已经有了很大的改观，人们已经越来越多地认识到，残疾和残疾人只是与众不同，与优劣无关，他们是社会群体的一部分。健全人为了更好地了解残疾人，关注残疾人的特殊性是一件可喜的事情。不管是健全人还是残疾人，都应该从个别差异的角度去关注残疾人的独特性，加诸给残疾人的标签还是要谨慎，因为标签无形中给健全人和残疾人之间造成了隔阂，甚至会变成歧视。

如何做到尊重人的个别差异?

1. 平等相处：平等是人和人之间的一种关系，是人对人的一种态度。平等是文明社会追求的目标。由于人之差异绝对的公平不存在，只有相对的平等；人和人之间的平等，不是指人之差异所致的“相等”或“平均”，而是在精神上的互相理解，相互尊重。志愿者和残疾人之间经常的共同活动，更能增进互相了解、彼此关心。

2. 尊重残疾人的独特性：残疾人的独特性可能表现在他的障碍方面，比如各类残疾对人的影响和给人所造成的障碍，也有可能表现于残疾人非凡才能方面，比如盲人的音乐才能、聋人的绘画才能、自闭症患者的记忆或数学天赋、盲人或肢残人的运动才能等。

3. 增进互动的方法：在与残疾人互动时，应切记：每位残疾人都不一样，他们都是属于自己的独特个体；残疾人与我们同属一个世界，你需要什么他也需要什么；残疾人有权利经历失败和痛苦的体验；他们可以自己做的，志愿者就没必要去帮忙；残疾人有无限的潜能，只是在于他们做什么。

4. 用词谨慎：在描述残疾人时用词一定要谨慎，因为用词不当可能会伤人或激怒人，特别是在描述人的差异性时。我们要基于个别差异的视角，更关注差异性能力，比如限制、挑战、不方便、不利等，少强调身体上的限制。

理解和尊重差异，需要经常倾听具有差异性者的心声，思考他们的想法，在与残疾人互动前，先尝试着与他们接触和相处。通常情况下，有经验的志愿者更容易理解、接受残疾人的差异性，只有实际经历和体验过与残疾人的平等互动后，才更容易接纳和欣赏残疾人的差异性。如果志愿者诚心相信残疾人完全有参与社会的权利，就一定能跟他们平等相处并成为好朋友。

在尊重个别差异基础上，还要充分考虑助残服务的特殊性，主要表现在以下方面：

第一，服务对象独一无二且个体差异大。

助残志愿服务的对象主要以残疾人为主，包括视力残疾人、听力残疾人、言语残疾人、肢体残疾人、智力残疾人、精神残疾人等类别的残疾人。

根据第六次全国人口普查和第二次全国残疾人抽样调查，我国 2010 年末残疾人总人数 8502 万人，其中视力残疾 1263 万人，听力残疾 2054 万人，言语残疾 130 万人，肢体残疾 2472 万人，智力残疾 568 万人，精神残疾 629 万人，多重残疾 1386 万人。

各残疾等级人数分别为：重度残疾 2518 万人，中度和轻度残疾人 5984 万人。

北京市 2006 年第二次全国残疾人抽样调查结果显示，残疾人占总人口的比例为 6.49%，据此推算北京市各类残疾人的总数为 99.9 万人，各类残疾人的人数及各占残疾人总人数的比重分别是：视力残疾 6.7 万人，占 6.71%；听力残疾 22.7 万人，占 22.72%；言语残疾 0.6 万人，占 0.60%；肢体残疾 35.5 万人，占 35.53%；智力残疾 5.0 万人，占 5.01%；精神残疾 7.1 万人，占 7.11%；多重残疾 22.3 万人，占 22.32%。

从残疾人群的角度来讲，残疾人之间存在较大的个体差异。残疾人的个体差异不仅表现在个人的人事、情感、意志等心理活动过程中，还表现在不同的残疾类型、不同的功能损伤、不同的社会适应性，不同的帮助方法与技术等方面，这些表现出来的残疾特征使残疾人个体之间存在较大的差异。

在助残志愿服务活动中，志愿者不仅要了解普通人的个体差异表现，还要根据残疾人的类别具体了解残疾人之间的差异表现，针对残疾人个体差异性采取有效的方法开展助残志愿服务。

第二，服务内容多样且需求不同。

助残志愿服务的内容多样且需求不同，不仅包括普通人在发展过程中的需求，还包括普通在社会发展过程中不同层次的需求，特别是残疾人的无障碍需求。随着社会经济的发展，人们的生活水平不断提高，残疾人特殊化、类别化和个性化服务的需求也日益增长。比如残疾人除了有普通人的服务需求外，还有许多与残疾类别相关的服务需求，比如盲人的行走、聋人的手语、肢残人的康复训练与生活照料等，还有无障碍辅助。

残疾人与普通人一样，具有不同的政治、经济、社会背景，出生在不同的家庭中，成长在不同的环境中，具有不一样的障碍特征，这些人文性的个体差异使得残疾人的服务需求表现出极大的不同。

在助残志愿服务活动中，志愿者不仅需要理解人的需求的一般特点，还要理解不同类别残疾人的特殊需要，提高与残疾人之间的互动，提高助残服务效果，增强助残志愿者的助残行为的可持续发展。

第三，服务过程艰辛且结果不可预见。

残疾人是一个特殊的群体，在与之互动与沟通过程中需要付出艰辛的努力，比如与聋人沟通需要学习手语，与盲人互动时需要学习定向与行走技术，与肢体障碍者互动时要熟悉辅助技术且不要给其造成二次伤害，不仅要付出努力，在时间和精力上都有成倍的付出。

助残志愿服务本身由于对象的特殊性，其服务过程和结果具有一定的不可确定性，在助残服务之前，服务是看不到、听不到、摸不到的。也就是说，助残志愿服务在实施前，无法确定残疾人是否满意，也无法确定是否适合和满足他们的需求。

在开展助残志愿服务活动时，志愿者要有一定的心理准备，对残疾人的服务不仅要付出努力和精力，对于服务结果的不确定性也要有心理准备。对于这一特点的了解，将会增强志愿者的信心，并在助残志愿服务活动实施前做好充分的准备。

第二节　人人享有固有的生命权

在现实生活中，有些婴儿刚出生就遭到遗弃，原因是他们患有先天性疾病或天生就是残疾人。

2005 年，我国将 9 月 12 日定为“中国预防出生缺陷日”，并且每年都会在这一天组织主题活动，向全社会宣传如何预防缺陷婴儿出生，希望全社会能够携起手来，为了广大妇女儿童的健康，为了全人类的未来，积极预防缺陷婴儿的出生。有专家指出，我国是出生缺陷婴儿高发国家之一，每年有 80—120 万缺陷婴儿出生，平均每 30 秒就有一个缺陷儿出生。其中，有 20%—30％的缺陷婴儿经过治疗后基本能够正常生活，还有 30%—40％的缺陷婴儿在成长过程中夭折，其余的则成为终生残疾人。

不同的父母对出生缺陷婴儿的态度是不一样的。有的父母在经历了悲伤、痛苦和心理煎熬以后，接受现实，陪伴着孩子成长，但是他们的悲伤、痛苦和心理煎熬始终存在，他们带着内心的苦楚和哀伤，慢慢地适应这样一个孩子的存在。有的父母带着深深的内疚和自责，对孩子进行补偿，满足孩子的各种要求，好像“戴着镣铐跳舞”。

缺陷婴儿出生后，家长有权决定是否放弃他们的生命。而放弃孩子的生命，对家长而言，是一件令人痛心和艰难抉择的事情。

那么，在做出放弃孩子的生命的决定之前，家长都在想什么？有一些家长认为残疾就意味着痛苦、不幸福、没有价值，与其不能让他们幸福，不如给他们一个更好的归宿——死亡。这种生命观和偏见可以说是根深蒂固的。

《残疾人权利公约》明确提出“人人享有固有的生命权”，残疾人应该享有的权利不仅仅只有生命权，还包括教育、康复、医疗、就业，等等。《残疾人权利公约》是国际社会在 21 世纪通过的第一个综合性人权公约，也是首个开放供区域一体化组织签字的人权公约，旨在成为记录明确的社会发展问题的人权文书，它标志着人们对待残疾人的态度和方法发生了“示范性转变”。这种转变主要体现在以下方面：

1. 宗旨：本公约的宗旨是促进、保护和确保所有残疾人充分和平等地享有一切人权和基本自由，并促进对残疾人固有尊严的尊重。

2. 对涉及尊重残疾人的相关概念的解释：包括交流、语言、基于残疾的歧视、合理便利、通用设计。

3. 原则：尊重固有尊严和个人自主；不歧视；充分和切实地参与和融入社会；尊重差异； 机会均等；无障碍；男女平等；尊重残疾儿童逐渐发展的能力并尊重残疾儿童保持其身份特性的权利。

4. 义务：缔约国承诺确保并促进充分实现所有残疾人的一切人权和基本自由，使其不受任何基于残疾的歧视。

5. 权利：包括平等和不歧视；残疾妇女；残疾儿童；提高认知；无障碍；生命权；危难情况和人道主义紧急情况；在法律面

前获得平等承认；获得司法保护；自由和人身安全；免于酷刑或残忍、不人道或有辱人格的待遇或处罚；免于剥削、暴力和凌虐；保护人身完整性；迁徙自由和国籍；独立生活和融入社区；个人行动能力；表达意见的自由和获得信息的机会；尊重隐私；尊重家居和家庭；教育；健康；适应训练和康复；工作和就业；适足的生活水平和社会保护；参与政治和公共生活；参与文化生活、娱乐、休闲和体育活动。

残疾人是人类的家庭中的一分子，作为社会中的弱势群体，其权利的保障越来越受到人们的关注。对残疾人权利的保护，不仅是社会正义的体现，更是对残疾人人权的尊重，是法律、法规维护人权的体现。《残疾人权利公约》的签署，对国际社会和我国社会产生了较大影响，促进了社会关爱、保护残疾人的行动落实到提升政府和社会对残疾人人权问题的认识上，同时对我国的残疾人工作起到了巨大的推动作用。

残疾人群体作为社会的弱势群体，由于其心理、生理上处于不利地位，其正当权利往往容易受到侵害，政府对其权益的关注就尤为重要。随着社会的发展和进步，人们对其权益的保护也给予了更多重视。要保障残疾人的权利，首先就要保障其平等权，包括平等的政治权利、平等的生命权、平等的受教育权、平等的就业权等。残疾人身心的自由、解放程度，其权益的保障程度不仅是衡量人权状况的重要标准，也是衡量社会文明进步程度的重要标志，尊重残疾人的平等权利，是残疾人参与社会生活和社会活动的基本前提。

第三节　盲人高考元年

“盲人高考元年”指的是2014年河南46岁的盲人李金生为自己争取到参加普通高考的权利，并顺利参加高考。这是我国第一次有盲人参加普通高考，因此媒体称为“盲人高考元年”。

有了第一位高考盲人，便有越来越多的盲人要求参加普通高考。2015年，我国盲人首次大范围参加普通高考，有8个省份专门为盲生提供了盲文试卷。突破了盲人只能通过“单考单招”形式参加高考的方式，也突破了只能学习针灸推拿专业和音乐学专业的限制。2015年，媒体就曾报道有三位盲生被普通大学录取。

1. 浙江首位盲人考生被温州大学录取：20岁的郑荣权是浙江省首位参加普通高考的盲人，考出了570分的高分，其中数学146分。郑荣权的高考之路并不顺利。因为他此前也考过，但是被多所高校因视力原因而拒绝，原因是学校没有相关师资、盲文教材，在教学经验上也不足，同时也担心盲人的自理能力和安全。他最终被温州大学录取，拟录取专业为思想政治教育（师范）专业，学校表示，郑荣权是他们建校近40年来录取的第一个盲人学生，学校没有相关教学经验，但学校会尽最大的努力为他提供学习上的便利，将会针对小郑的个人需求，包括出行、日常起居、学习乃至是否有必要参与军训等做详细探讨，尽快制订方案，为小郑提供最大的便利。

2. 宁夏首位盲人考生考上“211”院校：宁夏首位盲人考生

黄莺考出了530分的好成绩，高出宁夏理工类一本线85分，被武汉理工大学社会工作专业录取。黄莺幼年时因高烧导致双目失明。武汉理工大学，是教育部直属的一所理工类全国重点大学，是国家“211工程”“985工程优势学科创新平台”重点建设院校之一。

3. 安徽首位盲人考生考上天津音乐学院：来自淮南的安徽首位盲人考生王香君，父母都是环卫工人，她出生不久就被诊断为先天性视神经萎缩，从未见过光明。对声音敏感的她，在三四岁时就展现出了音乐天赋，后来进入安徽省艺术职业学院音乐系中专部学习，主修钢琴，辅修声乐。作为艺术类考生，她参加了安徽省音乐类统考，最终她的艺考总分为180.77分，名列全省第14名。接下来的自主招生，王香君四处联系专业院校，最终顺利参加了天津音乐学院的考试，被天津音乐学院正式录取。

继2015年盲人高考浪潮以后，2016年高招办发布了《残疾考生申请在2017年普通高考中获得合理便利条件的有关办法和说明》，为残疾考生参加普通高考提供“合理便利”，十二项便利包括：

1. 提供现行盲文试卷；

2. 提供大字号试卷；

3. 免除外语听力考试；

4. 优先进入考点、考场；

5. 设立环境整洁安静、采光适宜、便于出入的单独标准化考场，配设单独的外语听力播放设备；

6. 考点、考场配备专门的工作人员（如引导辅助人员、手语翻译人员等）予以协助；

7. 考点、考场设置文字指示标志、交流板等；

8. 考点提供能够完成考试所需、数量充足的盲文纸和普通白纸；

9. 允许视力残疾考生携带答题所需的盲文笔、盲文手写板、盲文作图工具、橡胶垫、无存储功能的盲文打字机、台灯、光学放大镜、盲杖等辅助器具或设备；

10. 允许听力残疾考生携带助听器、人工耳蜗等助听辅听设备；

11. 允许行动不便的残疾考生使用轮椅、拐杖，有特殊需要的残疾考生可以自带特殊桌椅参加考试；

12. 适当延长考试时间：使用盲文试卷的视力残疾考生的考试时间，在该科目规定考试总时长的基础上延长 50%；使用大字号试卷、因脑瘫或其他疾病引起的上肢无法正常书写或无上肢考生等书写特别困难考生的考试时间，在该科目规定考试总时长的基础上延长 30%；外语科目延长的考试时间中包含听力考试每道试题播放间隔适当延长的时间。

众多关注盲人高考的网民为接收盲人学生的政策和高校点赞，同时也认为，公平接受教育是盲人的权利，高校不能随意剥夺。“国家应该尽快出台具体政策，从制度上保障公平录取盲人学生，而不能像现在这样，读大学靠的仅是少数学校的‘人文关怀’。”

随着我国社会经济的发展，人民生活水平日益提高，教育的改革和发展，残疾人接受教育的愿望越来越强烈，已经不只是满足于 9 年义务教育，很多家长希望能让自己的残疾孩子尽可能像健全孩子一样能接受高等教育，甚至是研究生教育。为了保障更多的残疾儿童能否接受适合的教育，2017 年 2 月 23 日李克强总理签署国务院令，公布修订后的《残疾人教育条例》自 2017 年 5 月 1 日起施行。该条例是在 1994 年我国曾制定的《残疾人教育条例》的基础上进行修订的，修订的《残疾人教育条例》对残疾人教育的发展目标和理念、入学安排、教学规范、教师队伍建设，以及保障和支持等方面进行了完善。《残疾人教育条例》共分九章五十九条，九章分别为总则、义务教育、职业教育、学前教育、普通高级中学以上教育及继续教育、教师、条件保障、法律责任、附则。该条例的主要内容如下：

1. 第一章总则，共十一条（第一至十一条），主要内容是条例制定的目的和依据，保障残疾人教育权利的要求，残疾人教育的地位，县级以上人民政府的职责，国务院教育行政部门及其他部门的职责，中国残疾人联合会及其地方组织的职责，各类教育机构的职责，残疾人家庭的职责，社会的职责，国家奖励，县级以上人民政府负责督导。

2. 第二章义务教育，共十五条（第十二至二十六条），主要内容包括规定了各级人民政府、父母和监护人保障残疾儿童接受义务教育权利的职责，规定了残疾儿童接受义务教育的入学年龄和年限，如何对残疾儿童教育统筹规划，如何掌握适龄残疾儿童的信息和数据，如何按照残疾类别和残疾程度分别组织残疾儿童的教育等。

3. 第三章职业教育，共四条（第二十七至三十条），强调残疾人职业教育体系和一些具体要求及规定政府和职业培训机构的责任。

4. 第四章学前教育，共三条（第三十一至三十三条），规定了政府和各类学前教育机构的职责，残疾儿童学前教育实施的方式，强调早发现、早教育、早康复。

5. 第五章普通高级中学以上教育及继续教育，共六条（第三十四至三十九条），强调政府和各类教育机构、残疾人所在单位的职责，规定了扫除文盲教育的对象。

6. 第六章教师，共七条（第四十至四十六条），强调了政府在培训和鼓励高校毕业生从事特教教师的职责，规定了从事特教教师的要求和条件，以及应享受的待遇。

7. 第七章条件保障，共九条（第四十七至五十五条），规定了各级政府在保障残疾学生教育的条件、设施、经费等方面的职责，规定了经济困难残疾学生的补贴政策，以及对残疾人参加普通考试的支持方式等。

8. 第八章法律责任，共两条（第五十六至五十七条），规定了各级政府和教育机构违反本条例的法律责任。

9. 第九章附则，共两条（第五十八至五十九条），主要是对融合教育和资源教室进行了界定和解释。

第四节　拟建中国康复大学

2016 年 8 月 31 日，新华网刊登了一则新闻，新闻的标题是《“十三五”期间我国将建立“中国康复大学”》。这则新闻刊出后，引起了很多专业人员和残疾人工作者的关注，可以说是引起了不小的震动。一时间人们开始议论，为什么要建立中国康复大学，有必要为了残疾人的康复训练专门建立一所大学吗?

建立残疾人康复大学起于四川省残联的一份报告，一份关于在“智慧岛”创建“中国康复大学”的调研报告。四川省是残疾人大省，有残疾人 600 多万，汶川地震致残 1300 多人，致残学生 128 人。就全国来讲有残疾人口 8300 多万，涉及 1/5 的家庭，专家预测，未来 10 年残疾处于高发期，每年增加残疾人 100 万，每天增加残疾人会超过 2000 人。

“十二五”期间，我国提出了残疾人康复要实现“人人享有康复”的目标，为实现这一目标，未来五至十年，我国将在全国范围建成县级康复中心将多达 3000 多个，在社区建立社区康复中心、康复站点更是多达数十万甚至百万个，这些康复中心、康复站的建立，对所需专业康复人才的需求至少在 300 万至 500 万人。但是，目前现有的康复人才远远不能满足这个需求。全国现在只有 70 多所本、专科院校开设了康复专业，还没有建立完整的康复学科体系，每年培养出来的专业人才不到 8000 人，70% 是专科学历，远远不能满足未来科学康复的需求。

因此面对这么一个庞大的需求群体，这么一个康复技术人才紧缺的现状，建一所康复大学还是非常有必要的。

康复能否让残疾人受益？

残疾人是指生理功能、解剖结构、心理和精神状态异常或丧失，以正常方式从事正常活动的能力全部或部分丧失，在社会生活中处于不利正常发挥作用的人。康复能帮助这些人的能力完全恢复或部分恢复，并在社会中发挥应有的作用。首先，康复训练能够帮助挖掘这些人尚存的具有不同程度的生活或工作潜力，并使这些潜力得到发挥，改善残疾人的生活或工作状态；其次，康复训练能够帮助残疾人解决因残疾而造成的不同程度的、生活或工作方面的困难，为残疾人适应生活或工作创造条件；第三，帮助和支持残疾人享有与健全人一样的权利，尽可能多地参与社会生活或活动。

为了更好满足残疾人的康复需求，帮助残疾人更好地参与社会生活，国务院于 2017 年 1 月 11 日国务院第 161 次常务会议通过《残疾预防和残疾人康复条例》。《残疾预防和残疾人康复条例》是我国第一次以法规的形式明确国家、社会、公民在残疾预防和残疾人康复工作中的责任，在医疗保障、残疾群体康复保障措施、政策和资金保障、康复人才方面做出了明确规定。《残疾预防和残疾人康复条例》共分六章三十六条，六章分别为总则、残疾预防、康复服务、保障措施、法律责任和附则。该条例的主要内容如下：

1. 第一章总则：共九条（第一至九条），主要内容是条例制定的目的和依据，残疾预防和残疾人康复概念的界定和解释，各级政府及相关部门和社会在残疾预防和残疾人康复工作方面的职责，国家的鼓励和奖励政策。

2. 第二章残疾预防：共七条（第十至十六条），主要内容是残疾预防工作的要求，各级政府残疾预防工作的职责，承担残疾筛查和诊断的机构的工作流程，具有高度致残风险的用人单位残疾预防工作要求等。

3. 第三章康复服务：共八条（第十七至二十四条），主要内容是规定了各级政府和康复机构康复服务工作和康复服务教育工作的职责，规定了康复服务工作的要求及康复服务人员的资质和要求。

4. 第四章保障措施：共七条（第二十五至三十一条），主要内容是各级政府应当按照社会保险的有关规定将残疾人纳入基本医疗保险范围的规定，国家建立残疾儿童康复救助制度的规定和措施，各级政府提供残疾预防和残疾人康复工作经费的规定，国家加强残疾预防和残疾人康复专业人才的培养的规定，完善残疾人康复专业技术人员职业能力水平评价体系的规定，积极支持辅助器具的研发、推广和应用的规定，保障残疾预防和残疾人康复工作人员的待遇的规定。

5. 第五章法律责任：共四条（第三十二至三十五条），主要内容是规定了各级政府未履行本条例的法律责任。

6. 第六章附则：共一条（第三十六条），主要内容是规定本条例实施时间，即自 2017 年 7 月 1 日起施行。

第五节　杨佳，永不停歇的生命追求

我认识杨佳是在 2008 年残奥会的专家团队中，挺拔而清瘦的身材，总是面带微笑，说话轻言细语，声音优美动听，但是她的旁边总是有一位老人——她的父亲一直伴随左右，因为她是一位盲人，父亲就是她的拐杖。

杨佳 15 岁考上郑州大学外语系，19 岁成为最年轻的大学英语老师，21 岁攻读中科院应用语言学研究生，24 岁成为中科院最年轻的讲师，不仅给硕士上课，也给博士上课。这一切都是那么自然和美好，研究生们喜欢这个小老师，年轻美丽，英语又教得好。但是，这所有的美好和充满阳光的生活停止在了杨佳 29 岁那一年。杨佳因视神经病变失明了。

突然降临的灾难让杨佳无法接受，寻求西医、中医治疗，甚至连最痛苦的球后注射都尝试了，一切努力都无济于事。终于，在一个早晨，杨佳什么都看不见了。杨佳在给志愿者培训时说："这时，我在生活中处处碰壁，经常被门和桌椅撞得头破血流，生活中处处存在危险，要不踢倒了热水瓶，要不就是打碎了茶杯。"杨佳开始变得沉默寡言，苦苦思索应该怎么办？是在黑暗中沉沦，还是在困境中重生？

就这样，不知在痛苦中度过了多少个日夜。最后，在导师和家人的帮助下，她以最短的时间走出阴影，用超乎常人的毅力超越自我，一切从头开始，攻克一道又一道常人难以想象的难关。她开始像个孩子一样，在父母的帮助下，重新学习穿衣服，重新学习如何拿筷子吃饭，重新学习走路，而且还要学习拿着盲杖走路。为了能够继续阅读和学习，还要学习盲文，练习触摸盲点，一个简单的英文单词 cabbage，用手足足摸了一个小时，虽然每个字母（c-a-b-b-a-g-e）摸得清清楚楚，但是就是不解其意，一个英语老师竟然不“认识”“大白菜”这个词！在父亲的帮助和支持下，杨佳重返讲台。当学生们得知杨佳老师的情况后，动情地写道：“我们无法用恰当的言辞来形容您的风采。您的内涵如此丰富，您的授课如此生动，在获取知识外，我们获得了乐趣和做人的道理……”

杨佳没有因为失明而放弃，她依然上课，依然面带微笑。就在失明后的第二年，杨佳被评为中科院的副教授。2000 年，杨佳考入哈佛大学肯尼迪政府学院攻读公共管理硕士学位，成为该院有史以来唯一一位来自国外的盲人学生。更令人惊奇的是，仅用一年时间，她就以全院最高分获得哈佛 MPA 学位。

2002 年，她在中科院研究生院首开《经济全球化》和《沟通艺术》两门课程，得到同行和学生好评。曾为四位总统效力（其中包括担任克林顿总统的高级政治顾问）的大卫·哥根教授为她赠书题字：“Jia，you taught us more.”（佳，你教给了我们更多东西。）

2006 年，我和杨佳老师受北京奥组委委派，参与了残奥会志愿者试点培训教材的编写与授课。2007 年 3 月，她又被聘为 2008 北京奥运会、残奥会志愿者通用培训专家组成员。有幸与杨佳老师同行，得以走近这个被青年志愿者誉为“永远微笑着的女神”，是我生命中难以忘怀的一次美丽邂逅。杨佳老师娓娓道来、从容讲述的风格，让我意犹未尽，耳目一新。在意气风发、志在高远的年华，突然意外患上眼疾，从此与光明诀别，这需要何等的勇气来面对啊?！她不屈不挠，在黑暗中追寻心中的阳光、生命的再次辉煌，继续传播正能量，让我与首都高校的莘莘学子从心底感到震撼。

每次听杨佳老师讲座，我和志愿者同学们的眼眶都情不自禁地盈着泪花，久久无法平静。在志愿者同学热情的掌声和依依不舍的信任目光中，杨佳老师充满哲理的青春寄语，一定会是莘莘学子永志不忘的人生坐标：“一个人可以看不见，但不能没有见地；可以没有视野，但不能没有眼界。以何种方式获取知识并不重要，重要的是运用所学知识服务社会。”

人生无常，虽然五彩缤纷的世界在杨佳的眼前已经不再出现，丰富多彩的世界已变成漫长的黑夜，但杨佳坚持走自己的路，生活之路因她的坚强越走越宽，生活之路因她的拼搏越走越亮堂！

第六节　无声世界舞动的“观音”

大家一定还记得 2005 年春节晚会上，由几十位聋人表演的舞蹈《千手观音》。那个青春、灵动的靓丽观世音；那些听不见声音却与舞蹈伴奏乐曲浑然一体的少男少女；一双双齐刷刷地张开的虔诚双手，有条不紊，无缝衔接，让人眼花缭乱、浮想联翩，叠加组成的“千手观音”造型，让荧屏前亿万计观众如痴如醉，纷纷询问：“那个俊俏的领舞小姑娘叫什么名字啊？”

那一年年底，领舞者以绝对高票入选 2005 年《感动中国》年度人物。评委会的颁奖词这样说：“从不幸的谷底到艺术的巅峰，也许你的生命本身就是一次绝美的舞蹈，于无声处再现生命的蓬勃，在手臂间勾勒人性的高洁，一个朴素女子为我们呈现华丽的奇迹，心灵的震撼不需要语言，你在我们眼中是最美。”被如此赞美的姑娘，就是 2 岁时因为高烧注射链霉素而永远失去了听力的邰丽华。

邰丽华出生在湖北省宜昌市，因为失聪，7 岁进入宜昌市聋哑小学学习。在学校里，邰丽华学会了律动和舞蹈，并深深地迷上了跳舞。从此以后，不管是读小学，还是读中学，不论学习多紧张，她每天都要挤时间练习舞蹈。1994 年，邰丽华考上了湖北美术学院，学习装潢设计。大学毕业后，邰丽华被分配到武汉市第一聋哑学校，成了一名人民教师，但是舞蹈始终与她相伴。

14 岁时，邰丽华就从湖北宜昌聋校脱颖而出，被选送到刚刚组建的中国残疾人艺术团，从 15 岁起，她就随着中国残疾人艺术团访问演出。她巡演过 20 多个省，出访过亚洲、欧洲、美洲、大洋洲的 30 多个国家。邰丽华的独舞《雀之灵》，以及由她领舞、朱蓉等六位聋人少女相伴的极具东方情调的舞蹈《敦煌彩塑》《千手观音》，不知博得了多少盛赞。

维也纳联合国社发中心总部激动的观众对邰丽华和她的伙伴们的演出报以长时间的掌声，盛赞她是“美与人性的使者”。挪威国家广播电视台为之动容，荷兰小镇上的居民成为她的粉丝；一个小帅哥怎么也不相信她是失聪女孩，挤到后台验证时一脸茫然，硬是一遍又一遍质问：“你怎么会是聋人？你为什么是聋人？”

她们就是这样一群舞者，掌声响起，她们听不到；欢呼声响起，她们听不到；赞美声响起，她们依然听不到。她们在舞台上，只是专注地一边用双眼余光盯着舞台两侧带着白手套老师千变万化的指挥手势，一边兼顾左右舞伴的位置，根本无暇回应激情四射的现场观众。这位美丽的“观音”脸上始终荡漾着灿烂的笑容，像是在倾诉对生命的礼赞，抑或是在用舞蹈语汇娓娓道来人与人的平等与尊重。

2000 年 9 月 18 日晚，在世界顶级艺术殿堂——纽约卡耐基音乐厅，邰丽华以充满激情的轻盈舞蹈，征服了“什么都见过”的纽约观众，观看演出的还有联合国大会主席和众多联合国高官，以及 43 个国家驻联合国使团的官员。音乐厅里悬挂着一百多年来在这里演出过的世界著名艺术家的肖像和经典节目剧照，唯一的中国剧照，是邰丽华表演的舞蹈《雀之灵》的剧照。

《光明日报》2017 年 3 月 9 日 04 版图文报道：“已过而立之年的两届全国政协委员邰丽华，用手语在今年政协会议上就《文艺工作者如何将‘匠人精神’投入到创作作品的过程中》做了主题‘发言’。”这就是曾经为《雀之灵》而苦苦练习的邰丽华。《雀之灵》有节拍七百个左右，对于处在无声世界里的邰丽华来说，要想让舞蹈和这七百多个节拍完全合上，唯一的方法就是把脸颊紧贴在答录机的喇叭上，全身心地感受不同的震动。记忆、重复，再记忆、再重复。重复到最后的时候，她的心里已经有了一支随时为她响起的乐队。精雕细琢、精益求精的工作理念，对职业的认同感、责任感、荣誉感和使命感——大国女工匠演绎生命辉煌。邰丽华实至名归。

邰丽华永远是脸上带着恬静的微笑，以曼妙舞姿赢得观众的喜爱，现为中国残疾人艺术团的舞蹈演员、中国残疾人艺术团团长、中国特殊艺术协会副主席、全国政协委员。

对残疾和残疾人的接纳，可以说是起于爱心，成于同理心、认同和接受。在个体层面上，可能需要个体在爱心基础上，更多地去了解和接受残疾人个体的残疾状态、能所限的表现、个人的潜能所在，以及优势所在；在社会层面上，可能需要社会接受残疾和残疾人的客观存在，认同残疾人应拥有的平等权利，接受残疾人参与社会生活的潜力和能力优势，能够为残疾人充分参与社会生活搭建平台。

结　语

总之，爱心、理解与接纳可以成为帮助残疾人的基本理念，也可以说是接纳残疾人需要经历的心路历程或者是助残志愿服务过程中三个不同的实践方式。爱心是做好助残服务的前提，理解是做好助残志愿服务的基础，接纳是做好助残志愿服务的根本。

希望我们的社会，通过爱心与理解的鼓励，不仅从个体心理更是从社会与权利方面，接纳和包容每一个残疾个体和群体，使他们真正融入到社会中来，用他们的知识与才华为我们共同拥有的世界做出贡献。

第二篇

志愿助残，我们同行

我们很多人都是从“毫不利己、专门利人”的国际主义志愿者白求恩，“全心全意为人民服务”的雷锋，还有为了保家卫国的“中国人民志愿军”等了解到“志愿者”一词的。笔者真正投身志愿服务事业是在 1981 年，那一年是联合国确定的“国际伤残人年”，从那时起我们就以“志愿者”的身份投入助残事务，并一直坚持到今天，看到身边越来越多的人，投身志愿者行列，在志愿者助残、服务他人、奉献社会的过程中，不仅播下善意的种子，也在默默地铸就中国和谐社会的基础。我们深刻体会到，做志愿者不仅是在“做好事”，更是在服务、奉献的过程中自我完善，获得成长，逐渐成为一个高尚的、一个纯粹的，一个脱离了低级趣味的“人”，志愿公益，服务社会，“做一个好人”才是最根本目的。说到底，传播志愿精神，其实这是关于灵魂的事情。只有把灵魂的事情解决了，才有真正的志愿行动。

志愿精神对一个人的成长、对一个国家的建设具有重要作用，它是一个民族和一个国家的信仰、价值和道德内核。许多人认为：志愿者服务就是无私奉献，不能有私心，应该牺牲个人利益，不计较个人得失，一旦承诺，义无反顾，言必信、行必果，否则就不纯粹。其实，要成为成熟的志愿者，在服务奉献的过程中真正实现“志愿”的价值，需要我们在实践中学习，深入思考，把握“志愿”的实质，达到“志愿”的目标。这里有几个事例，与大家分享。

事例一：为了救助非洲，抵抗自然灾害，各国志愿者前往非洲进行扶贫援助，当满载援助物品的车辆停下来时，孩子们纷纷围拢过来，看到骨瘦如柴的孩子们，有的志愿者就要将车上的饼干、糖果、毛毯直接送到这些孩子的手上，但被一位志愿者拦下，他走到孩子们中间，请求孩子们帮忙卸车，如果参加了劳动，将有礼品相送，孩子们立即忙碌起来，把车上本来就要赠送给他们的物资卸下，通过劳动得到的回报是饼干、毛毯、糖果等。有一个孩子来晚了，货车已经卸净了，于是志愿者请他为在场的各位唱一首歌，慰问一下辛苦的劳动者，尽管他唱得并不尽如人意，但是仍然得到了奖励。这一段经历，使得孩子内心埋下了“付出才有回报，努力才能得到帮助”的理念。

贫困孩子需要交流、需要沟通、需要陪伴。如果我们简单地把财物送给他们，对他们带来的负面影响，可能比什么都不给他们严重。志愿者助残服务时，也是一样的道理，不应该将贫困、残疾等不便，设为帮扶的先决条件，更要将他们身上的优良品质引导、激发出来，这样的志愿服务才更有社会意义。

事例二：我们常说，参加志愿服务是“助人自助”的过程，赠人玫瑰，手有余香。现代科学已经证实，无私助人是有生理、心理基础的。有数据表明，人们不求回报地付出真情，帮助他人的同时，自己的心理也会有极大的“获得感”。实现自身价值、感受被接纳、被尊重的成就感，在生理上还会促进内分泌的调整和改变。许多长寿的人，都具有“关心他人、乐于助人”的品质。所以助人不仅仅只是获得了心理上的简单快乐，更是在促进人的生理健康、人格完善，帮助志愿者不断走向超越自我的境界，应该说志愿服务获益最大的是志愿者本身。

志愿精神不能只关注付出，更要关注分享。只有不以付出者的心态来做志愿者，才能保有一种平等的心，不会计较回报，不会高高在上，不会咄咄逼人，也不会因为做了有益他人和社会的事情，心理就优越起来。志愿者助人不要总是抱着“施予”心态，务必端正态度，以“谦卑”之心行事，接受你帮助的人，其实也是在成全你的“助人”愿望，就是对你的支持与配合，志愿者应该心存感激。

事例三：某次公益活动，大家在讨论志愿、公益的话题。某人向女主持人提问：“作为女性，请大家将丈夫、儿子、父母（公婆）、自己，按照心目中关注的程度排个顺序，会是怎样安排？”

主持人回答说，儿子是我们的未来，需要细心呵护。不少人认同主持人的意见，同意将儿子作为最应该照顾、关心的人。现场展开了热烈的讨论。有人认为，中国的优良传统一贯是“百善孝为先”，孝敬老人应该是第一位的。有人认为老公是第一位的，身边最为亲近，终生相依为伴的生命。很少有人表达最应该关注的是自己！

一位志愿者站起身来说到，如果自己身体不好，怎么照顾别人，自己情绪不佳，照顾别人也会照顾不好，学会照顾自己，把自己的生活料理好，情绪精神调整好，才能照顾好老人、丈夫和孩子。不要带着负面情绪去服务他人。如果志愿者能够建立“以家为先，以业为重，志愿公益作补充”的生活模式，一定会成为家庭幸福、事业有成，与人为善、快乐生活的人。

志愿者服务的行为，带给服务对象的不仅仅是外在的排忧解难、帮助照料等，更是在传递良好情绪和积极的情感，志愿者服务期间的思想、心态、情绪、情感都决定了事情的成败和走向，也决定志愿服务的质量。志愿者在实实在在的服务之中，都蕴含着自身的幸福感，能够通过一举一动、一言一行将情谊传递给受助者，服务才是最有成效、最有价值的。志愿者最了不起的，不是外在的、看得见的对陌生人出手相助、捐款捐物的无私给予，而是在生活中每时每刻存有的利他精神。你对爱人的呵护、爱戴、尊重，你对朋友的友好、温柔、忠诚，你对陌生人的包容、感激、和善，做好这些才是真正的志愿者。

志愿者参与志愿服务，首先需要良好的生活态度，先调整好自己的心态，用良好的状态，愉快的心情，融入志愿者服务行为之中，志愿服务才真正有效。

第四章
志愿助残，彼此尊重

笔者在长期从事志愿助残的实践中，结合自己的外事工作专业，留心搜集各类残疾人生活、工作的点点滴滴，经过积累，逐渐整理归纳出一些实践规范，又通过不少残疾人朋友协助，加以完善，形成了适合残疾人，也适合助残人士学习掌握的礼仪规范。2001 年北京申奥成功之后，我曾经向北京市残联提出建议，希望在残疾人之中加强学习宣导，不断号召残疾人主动学习，提高素质，得到支持与认可，随后北京市残联发出号召开展了“素质教育工程”，我还在其中担任了宣讲员，专门向残疾朋友宣讲礼仪。2006 年，我又被北京奥组委聘为 2008 年北京残奥会志愿者工作专家团队成员，在与专家们共同工作期间，边学习边积累，逐步完善助残礼仪的内容，打造成一门助残礼仪的培训课程，不仅可以为 2008 年奥运会、残奥会，广州 2010 年亚洲残疾人运动会等大型残疾人体育赛会提供志愿者培训，也适合助残志愿者日常学习，提高服务效能。下面的这些故事，大多是在参与残疾人活动和服务之中，实实在在遇到的情景，通过这些事例，可以更加生动地对那些服务规范加以理解。

第一节　平等才是最好的尊重

2010 年 12 月 5 日，第二十五个国际志愿者日那天，亚残运会组委会举办了一系列活动，我们用一条短信就邀请到了著名电视节目主持人白岩松，他利用一天的时间，参加了亚残运会火炬传递，为广州志愿者学院和全国志愿者培训实践基地揭牌，参加广州 2010 年亚洲残疾人运动会志愿者誓师大会，并且专门慰问了盲人按摩师和残疾人运动员、城市志愿者和正在参加培训的广州外语外贸大学的赛会志愿者等，期间还被若干家媒体“抢着”采访，他晚饭都来不及吃，就又赶到亚残运会开幕式彩排现场，为电视转播做前期准备。

12 月 16 日，白岩松再次赶到广州，为闭幕式的转播看样片、与编导们磋商一些具体事宜，还要为广州体育大学上千名志愿者做演讲，在广州仅停留一天，但是下午三点到五点之间，本可以休整一下的岩松却抽出时间慰问赛会志愿者，履行担任亚残运会志愿者形象大使的职责。我们没有特意安排，只是邀请他与我们同行，到轮椅击剑和盲人柔道比赛场馆看望志愿者。

下午两点半，我们如约接到岩松，他身穿亚残运会志愿者服装，以一位普通志愿者的姿态出现在我们面前，先后在广州大学和华南理工大学的两个场馆与数百名志愿者见面。他受欢迎的程度是预料之中的，一次次被热情的志愿者们簇拥着，他来者不拒，满足同学们提出的合影、签名的要求。岩松将一叠印有服务残疾人注意事项的折页分送到志愿者们的手中，并且提示大家："学习助残技能 10 分钟，帮助别人一辈子。希望同学们能够把这些小册子送给那些没做志愿者的同学或者朋友，让他们了解和支持助残志愿服务。"岩松表示，志愿者精神不只是维持在有亚运会、亚残运会的日子，而是留存在将来的每一天，做志愿者不是七天就结束了，而是要树立一生的追求，志愿服务，奉献社会，最终自己的收获会更大。他用平实的语言鼓励志愿者们，赛会即将结束，这几天是最累、最辛苦的，同时还会有很多委屈，但是，20日以后，大家就会感到一阵空落落的，抓紧时间"享受服务的过程和快乐"。

岩松多次表示赞成和支持残疾人做志愿者。"不管你是残疾人还是健全人，谁有能力，谁都能去做志愿者。平等就是最大的尊重。"白岩松说，残疾人不只是会接受别人的帮助，他们其实在很多领域上也帮助了别人，他们的精神，他们的毅力会感动所有人。

岩松一次次走到站在冷风中坚守岗位的志愿者们面前鼓励他们，还多次对有关领导说，他们穿得太单薄了，这么冷，加些衣服吧，只要露出"绿羊羊"的颜色、有志愿者的标志就行啊！岩松的关切与体贴让志愿者们身心俱感温暖。

看到我们两人不时地被挤到人群外，岩松总是招呼我们到他身边与同学们合影，还特地告诉志愿者们：这两位老师是北京来的，他们在北京残奥会就为志愿者们讲课，这次特地到广州来做培训，同学们随即说，我们听过他们的课，岩松又说，那你们还不向老师问好！场面非常热烈。

临行前，岩松看到在安检口值班的志愿者，因为不能离开岗位，远远看着他上车，却不得靠近，只得集体挥手致意。岩松随即下车，一路小跑到志愿者面前，与他们一一握手并给予鼓励。

他为众多志愿者签名，留言最多的是："平等才是最好的尊重。""同行（háng） 同行（xíng）"，他把自己看作是志愿者们的同行（háng），希望与大家共同坚守志愿承诺，践行志愿精神。

两次陪同岩松慰问志愿者，他的言谈举止，于细微处体现了对人的尊重，对事的责任，值得我们学习。

岩松和我们相识有几年时间了，他为人简明，交往中不需要多余的客套。每次走访慰问志愿者时，也就是一个短信约定时间，不要刻意安排什么，总是自然而然，满怀真情与志愿者谈心。面对媒体的采访时，我们印象特别深的是，他对残疾人体育、残疾人、志愿者精神的认识不仅很深刻，而且有独到的见解。他对助残理念的解释、对助残技能的讲解都十分具体、到位，语言还很生动，岩松有这样的理念和意识让长期从事残疾人工作的我们感动，特别是在多次大型活动的现场直播时，岩松都将这些理念融入讲解当中，不遗余力地宣传残疾人事业和人道主义理念。

虽然岩松做社会公益的时间已经很多了，但是我们还是希望他对残疾人事业有更多的投入。祝福岩松，也希望有更多的“岩松”和我们一起行动起来，社会将更加和谐、精彩。

助残提示

1. 与任何人交往都应该以“律己、敬人”为基本原则，也就是时刻严格要求自己，处处体现对对方的尊重。

2. 平等、尊重的意识和真诚的态度，是助残的基础，也是成为优秀志愿者的基础。

第二节　尊重体现在一言一行之中

我们都承认，知名人士的言行对某项事务的传播、推动具有比较大的影响力。北京奥运会、残奥会志愿者培训工作期间，为了宣传助残礼仪，北京奥组委邀请濮存昕、白岩松、徐春妮、杨扬等文体明星，以明星示范助残礼仪的方式，拍摄一部教学片，未曾想到，明星们给现场的我们，上了一堂生动而感人的礼仪课。

2008 年 2 月份，北京奥组委举行北京残奥会志愿者培训教学片开拍仪式，按照礼仪安排，邀请到的明星们都在前排就座，并配有话筒发言。期间有残疾人代表发言的安排，一位视力障碍的学生，站起身来由后排摸索着向前，匆忙之中寻找话筒时不得要领，十分慌乱，意料不到的是，各位嘉宾不约而同地站起让座，会场哄然，白岩松高声表示：“我有一个意见，提示主办方注意，以后凡是涉及残疾人的活动，请务必把残疾人朋友安排在最重要、最方便的席位，他们是主角，我们是来帮忙的，不要刻意安排！”他边说边把那位残疾人轻轻地引领到自己的座位上，并和濮存昕退到最后一排悄然坐下。

白岩松此举令在场的人大为感动，也让我们看到一位公众人物对残疾人的态度，不仅为那位残疾人消除了窘迫和紧张，并且又表明了意见，提示了他人，体现对残疾人的尊重，礼仪上表现得也十分周到，为我们展示了“明星的礼仪风采”。

看似活动在礼仪方面安排欠妥，其实呈现了一种流行的社会态度。许多场合下，明星、大腕、领导、贵宾常常是我们关注的焦点和重点服务的对象，但是有可能忽略了活动的主角和核心，比如以老年人、儿童、残疾人、灾区百姓、贫困大学生等为主题的活动，常常会出现嘉宾、领导、甚至出钱出资的捐助人位置靠前，领导讲话、贵宾发言冗长，主角成为了台下观摩、热烈鼓掌的配角。为什么会出现这类“喧宾夺主”的现象，有的可能出于无意，有的可能还是我们的意识出了问题。曾几何时，中央领导在一些场合听报告，都坐在台下，而模范人物、专家坐在台上，我感觉不仅仅是出于礼仪的安排，而是一种意识的转变。意识才是礼仪的核心。

那天在助残技能的录制过程中，白岩松和奥运冠军高红、娄云、钱红等学习推轮椅的方法和相关礼仪。老师向他们介绍，与乘坐轮椅的残疾人谈话，时间超过一分钟，最好采用蹲姿。杨金波老师还为明星们演示了标准的、符合礼仪规范的蹲姿。随后，我们来到演示现场，德胜街道一位残疾人志愿者小吴，恰好坐在轮椅上模拟受助者。白岩松、濮存昕、高红、娄云、钱红，还有很多记者来到现场，先是示范推轮椅，各位明星挺直腰板、专心致志学习体会推轮椅，完全达到教材要求；然后白岩松看见小吴坐在轮椅上，突然停下来，蹲在他面前与他聊天，演示与坐轮椅残疾人沟通交流的礼仪。小吴看到大名鼎鼎的白岩松就这么近距离蹲在面前，惊喜意外之余，感觉实在不好意思！为了表示尊重，吴不由自主地赶紧跳下轮椅，也蹲着与白老师对话（他是个子矮小的残障者）。白老师先是一愣，进而笑言："坐在轮椅上的朋友居然站起来，康复了！"大家都跟着笑了起来。

著名演员濮存昕，奥运冠军杨扬、杨凌、王丽萍，以及北京电视台主持人徐春妮等在拍摄现场认真地学习引领视力残疾人行走、落座、就餐等技能。每个细节他们都学得认真、用得自如，教学片拍得非常顺利，并在以后的社会宣传中得到广泛的运用。濮存昕曾多次应邀到志愿者培训现场鼓舞志愿者。有一次，他从外地拍戏回京，一下飞机就不顾疲劳、连午饭都来不及吃就赶到培训现场。这些文体明星在繁忙的工作中挤出时间，一心要为残奥会奉献出自己的一份力量。白岩松说："奥运会我是应邀参加，而残奥会我是'硬要'参加！"从礼仪角度讲，他们用实际行动，履行了"言必信、行必果"的承诺，全力支持残奥会志愿者工作，是"有礼之士"，从更高层次讲，他们履行了社会义务，是具有社会责任感的"礼仪明星"。

赛会之后，白岩松给笔者发来短信说：“残奥会结束了，我们的活儿才真正开始，加油！”这充分体现他对残疾人事务的真诚关注与支持，令人感动！

第三节　志愿助残的一二三四

一位坐轮椅的朋友，曾经向我谈起她的一次“被服务”的经历：她去某大学参加一个会议，会议室在二楼、恰好这里没有电梯，需要绕道上电梯。为会议服务的志愿者们看到她要上楼，一位姑娘大声招呼来七八个小伙子，不由分说抬起轮椅，直送到二楼，放下轮椅之后，孩子们在欢呼声中散去。事过之后，朋友对我说：“我知道志愿者们是在表达他们的热情，但是在众目睽睽之下，十多个人急速向你奔来，我忽然成为大厅之中的焦点，特别有压力，被人抬轿子一般送上二楼，心里并不舒服……”

我们的志愿者，日常碰到残疾人朋友，多数会出手相助，很多时候还会以如火的热情前去帮扶，甚至残疾人一再婉拒，也“不听分辩”，停不下手。中国残联有一位老领导，多年前曾经带队去国外参加残奥会，有一次他看到一位外国轮椅运动员自己划着轮椅上坡时，显得比较吃力，出于好心就顺手推了一把，原以为会收到一副笑容，一句感谢，结果那位小伙子转过脸来，非常不客气地“NO、NO、NO——”地连声拒绝……

可能不少志愿者都会遇到诚心助人却遭到拒绝的尴尬，一些志愿者非常不解，可能还会埋怨残疾人是不是不通人情。

其实，如果我们换位思考，在被帮扶之前，一个微笑，一句询问，相互之间建立起一种和谐的感情联系，比出手帮助更加重要；其次，需不需要帮助应该是由“受助方”决定的，不应该是出手相助者主观认定的；第三，我们助人的方法是否恰当，技能是否足够，也值得考量。志愿者助人，不仅要满足对方的需要，更要尊重对方的尊严。那种直截了当、过度热情的辅助，会被一些残疾人感到彰显了助人者的热情和能力，体现了助人者的价值，强化了残疾人的“弱者”感受，即便日常生活之中，那种居高临下，施舍、同情式的帮助，也会使人不安，还会引导一种错误的理念，在彰显助人者的“高尚道德情怀”的时候，其实也在深化社会的不平等，形成人的“强弱”之分。

我的一位朋友腿有残疾，在从二楼的会议室到一楼的时候总会选择乘坐电梯，而同行的其他人大都嫌电梯来得慢，走楼梯直接下楼了，只有个别人陪她乘坐电梯。有一次聊天时，这位朋友深情地说道：“我选择乘坐电梯是因为这样对我比较方便些，其实我也可以走楼梯，但那样毕竟比较吃力。我非常感谢那些每次陪同我乘坐电梯的人，他们让我感觉到我与大家没有什么不同。”

为残疾人朋友提供服务，热情周到只是外在形式，核心还是要让接受服务的残疾人朋友感受到温馨和舒心，感受到服务者发自内心的平等和尊重，感受到自己的尊严受到了保全和维护。这样的服务才是真正的人文关怀！

一位礼仪专家曾经提示我们，礼仪说到底就是四个字“律己、敬人”。就是在与人交往的过程中严于律己、善待他人，与周围的人保持友善、良好的关系。但更重要的是，在这个过程中，我们更要发自内心，对人真诚相待，推己及人，多替别人着想。如果没有对他人的真诚、尊重和关怀，一切“形式”上的礼仪都将失去真正的意义。

我们不但要学会助残的基本技能和技巧，还要让自己所提供的服务，从心理上被残疾人喜悦地接受和认可，在提供服务的同时，志愿者本人也受到残疾人的欢迎。所以，助人的核心是尊重，在服务残疾人时，无论你掌握多么专业的技能、技术、技巧，都不如内在、诚挚、自然的真情尊重有效。只有对他人饱含情意，服务才得体。

志愿者助残服务需要把握好一看、二问、三听、四助四个步骤：在观察、询问，并得到同意和指点的前提下，再做出服务和帮助，才是得体的。

在助残志愿服务中，坦诚的目光交流也是一种好的交流方式。目光坦诚的基础是内心的真诚，许多肢体残疾人或是肢体不完整，或是因残障行动很艰难，一些脑瘫的残疾人甚至不能控制自己的身体，体态、语言和行为方式都非常特殊，志愿者可能从来没有遇见过，但是在自己的意识里，一定要树立对方在人格上应该与我们是平等的。我们特别强调，希望健全人和残疾人交往、交流时，要以坦诚的心态，避免同情的目光、怜悯的眼神。

一是要用真诚的目光看待，千万不要一看见残疾人就显示出惊讶或好奇的样子，甚至被意外的身体形态“惊呆”，显出拘谨甚至害怕的样子；

二是微笑面对，不要长时间盯着对方残疾的肢体、畸形的部位，给人以“压力”。

三是不要上下端详打量肢体残疾人，似乎在寻找还有哪里“残疾”，无意间给对方制造出压迫感，拉开了与服务对象的感情距离，对志愿服务制造出了隔阂与困难。

四是由衷地欣赏他们身上展示出的优秀品质和才华，用残疾人的顽强精神激励自己，以积极接纳的态度，这样才有可能发自内心地尊重他们，进而才有可能做到帮助得法。

初次见面，除了要特别注意回避与其生理缺陷有关的词语和内容，一般也不要主动涉及肢残原因、治病经历等这类直接涉及残疾的话题，也不要随意的发出“遗憾哪”“可惜啊”这样的表达。

没有征得同意，不要触碰他们的辅具（拐杖、轮椅、盲杖等），不要未经同意就与肢残人一起合影，尤其要避免对残障部位做特写拍摄。

助残提示

1. 观念正确、态度合理、举止恰当是志愿者助残的基础。在平等、尊重的前提下，以消除各种各样的障碍为目的，真诚地为残疾人提供参与社会生活的便利。

2. 相信志愿者助残都是满怀善意，但是绝不能（无意间）彰显了自己的助残“善举”，夸大了残疾人的障碍和不便。

3. 最好以“我”开头，征求对方一下意愿：“请问我可以帮你吗？”“我能为您做点什么？”简单的一句话足可以折射出对他人的尊重。

4. “向物不向人”是最佳的服务方式，创造良好的环境，无需人与人之间的出手相助。在残疾人不经意间，志愿者已经清理好道路，打开了大门和电梯。这是我们所提倡的：“环境对残疾人最少的限制，才是最大的支持。”

5. 确有必要身体接触，志愿者也会尽量以残疾人为主动方，借助志愿者完成自己的行为动作，比如盲人拉住志愿者的臂膀行走，肢残人上台阶，志愿者恰好给出小臂做支撑。

6. 志愿者永远不可能掌握所有的助残技能和技术，在服务时做到“不知道，就询问”。

7. 与残疾朋友初识，交流时尽量“忽略”残疾，不主动询问对方致残原因，不主动谈及致残原因和残疾问题；不过多注视残疾部位，不过分关注残疾的“不便”。面对残疾人，没有必要过分小心，过分客气，过分注意他们的不同，处处体现过分呵护与关照。要保持平常心态，既不“疏远冷漠”，也不“过度热情”，更不是“越俎代庖”，一厢情愿地“代劳”。

8. “有求必应”：如果残疾人求助，无论是否可以帮忙，都要给予及时回应。回应并不是所有的请求都一一满足，志愿者只能在法律法规、社会道德和个人专业能力之内，以及本次志愿服务的限定范围内为残疾人提供帮助，超出范围的请求，要本着实事求是的原则，思考是否接受请求。遇到力不胜任，专业能力不足时，要恰当地表达，转介相关人士协助。

第四节　咱们都是正常人

我们常常会用“正常人”反衬“残疾人”，似乎有了“残疾”，人就不正常了？

20多年前，在一次境外残疾人访问团接待活动中，我受到了一次观念上的冲击。

那次接待，专门安排了一场联欢活动，北京残疾人的节目十分精彩，也展现了严谨稳重的风格。来访的残疾人朋友报幕之后并不着急登台，在音乐起时，才从各自的座位上依次启动，随着节奏，口中唱着山歌从各个方位来到台前，翩翩起舞，全场情不自禁地和着节拍鼓掌，热闹非凡。歌声伴随着残疾人朋友的舞蹈，逐渐将全场带入高潮，音乐戛然而止，人们欢腾一片，情绪还处在兴奋之中。此时也到了演出结束之时，一位领导感慨致辞，说道：“你们的演出太出色了，没有想到居然设计了一个出人意料的出场，让我们大开眼界，我们‘正常人’的设计节目也许都不如你们……”在他言犹未尽之时，来访的一位残疾人举起手，大声地说：“报告，我们也是正常人！”发言的领导也很有分寸，立即收住话锋，表达歉意，表明自己只是表达夸赞，绝无他意，现场的尴尬气氛得以化解。

我除了感慨这位残疾人朋友的大胆直率，即便是很讲究礼节、礼貌的场合，也如此敢于表达自己心中真实的感受，直接提点他人。对于他提出的观念，我猛然一惊，残疾人也是正常人！这颠覆了我过去的认知。

残疾人从什么时候开始不正常了？我通过查阅资料得知，人类社会早期，人只能以繁重的体力劳动求得生存与发展，强壮的身体构成生产力的主体，因为社会生活资料贫乏，没有多余的资源可以供应不能创造价值的人们，谁身体强健就被推崇，人类社会一直沿袭生物界的“适者生存”的法则，身体羸弱、功能不完整、影响创造生产资料的人，都被认为是“废人”，在残酷的自然环境和社会生存竞争中处于劣势或者被淘汰。社会一直被那些身体健全，身强力壮的所谓“正常人”主导着，由于人们长期不能正确认识和解释残疾发生的原因，有时甚至将残疾看成是“恶疾”，是“天意”，是不祥的象征，是前世作孽的因果报应。残疾人因为生理状况而被视为不正常，甚至看作家庭和社会的累赘。时至今日，尽管创造生产资料不一定依靠身体的强健，但是社会的所有设计都以“正常人”的标准和习惯安排，社会环境总是适应身体健全人的需要，那些身体有缺陷的人，生活的麻烦和困难随处可遇。以人们的思维惯性会认为不能适应现存环境的人就是“不正常”，一些健全人因为出现临时性的伤病，马上就会感到生活的不方便。

随着社会文明和进步，人们对“残疾”的认识也在改变，发现身体残缺并不影响人对社会做出贡献。孙膑两腿皆残，写出了

《孙膑兵法》；贝多芬双耳失聪，创作了著名的《第九交响曲》；海伦·凯勒既看不见又听不到，只能靠触觉与外界交流，却写出了一部部感人至深的作品；富兰克林·罗斯福总统，坐着轮椅领导美国人民克服经济危机，进行伟大的反法西斯战争；著名科学家、《时间简史》的作者霍金全身瘫痪，却走在物理学研究的最前沿。

有人说他们成功是因为幸运，如果离开了帮助他们的人，没有适当的教育、科学的进步、客观的环境、周围人们的帮助等必要条件，他们也可能就是平凡普通，或者生活在困境之中的人。那么反过来，一个身体健全的人，离开社会支持，得不到平等的发展机会，是不是也会无所作为，甚至成为社会的负担？

人道主义的核心理念就是“一切生命都是有价值的，一切生命包括残缺的生命都是有尊严的”。残疾人也是人类的组成部分，也是人类社会多样性和差异性的一种表现。如果社会将人的价值以身体是否健全、是否拥有财富作为标准，以性别、肤色或者族群人数多寡来判断衡量，这个社会是不文明的。如果我们一看到残疾人，只关注到他们的缺损、不足和限制，看不到残疾人的价值和长处，认为他们是低能的、可怜的、需要我们关怀救助的，说明我们的意识很滞后。

国际卫生组织曾经提出，人一生之中，都必然会有一段时间处于“残疾”的状态，比如出生之后的几年时间，或者正值盛年却因病、因伤受到限制，而或年老体衰听力、视力和行动能力都大为减弱，如果离开亲友帮助，以及社会支持不足，他们的生活将非常困难，难道他们就不是正常人了？

如果社会能够提供恰当、充分的资源，能够提供所有人所需要的社会环境，比如盲道、坡道、电梯、助听设备、手语盲文普及，使得乘坐轮椅的人、视力障碍的人、听力言语损失的人，在社会之中“畅行无阻”，沟通交流没有障碍，社会还有“残疾”的人吗？所以说，人的正常与不正常，不是因为身体存在缺陷，而是社会环境的结果，这个环境首先是人们思想意识的“环境”。

某市公交车设置了上下轮椅车的装置，消息发布，一位残疾人兴高采烈出门，第一次单独乘轮椅登上公交车，上车后固定轮椅需要一定时间，停车时间较长，司机要离开驾驶座位，帮助固定轮椅，期间，一些乘客开始喃喃抱怨，残疾人在四处投来目光的压力下，感到浑身不自在，怀着万分歉疚的心情下车，从此再也不敢乘公交车了。环境是人们营造的，而“意识”和“态度”更是决定环境的因素，如果社会把人分成三六九等，即便有适宜的环境，在偏见、歧视或者不屑的态度之下，何谈残疾人平等参与共享。

多年前，一位领导曾经说过，不是我们不人道，而是我们不知道。果然，第一次全国残疾人抽样调查之后，我们发现中国的残疾人数量高达数千万人，多数生活十分艰难，党和政府给予了高度重视，随着改革开放的进程，不断推进残疾人事业的发展，不仅使得残疾人生活改善，参与社会的能力增强，特别是社会观念和看待残疾人的态度在发生改变。曾经一段时期“残废”一词盛行在社会之间，改革开放之后，社会文明程度大大提升，人们开始用“残疾”取代了“残废”。“瞎子”“聋子”等用词逐渐淡出，如今人们广泛使用“视力障碍”“听力障碍”，等等，今后可能还要随着人们对“残疾”认识的深化而改变。

20 世纪 80 年代以来，随着联合国“国际伤残人年”“国际伤残人十年”“亚太残疾人十年”等活动的推进，国际社会对“残疾人”的描述产生了变化，目前比较常用的是：Person（or People）with Disability（PWD），person（or people）first 体现人本原则。

我们一般使用“健全人”和残疾人相对应；健听人与聋人（听力残疾人、障碍者）相对应；明眼人与盲人（视力残疾人、障碍者）相对应；用“障碍”或者“限制”形容残疾，比如说视力障碍或者视力限制；用“支持”逐渐替代“扶残”，更加显得平等。

“残疾”是一个相对的概念，每个人都曾经历过残疾，每个人都可能成为残疾人，更极端的说法是，如果社会态度不良，每个人都是残疾人，如果社会文明进步，每个人都不是残疾人。

在爱丁堡召开大会期间，张海迪当选康复国际主席，国内外纷纷报道此事，期间记者采访中国残联副主席、中国盲协名誉主席李志军，他说：“国际社会正在倡导‘残疾正常化’，这是最新理念。”

助残提示

1. 书面语中，应根据全国人大常委会关于 1990 年 12 月 28

日通过的《中华人民共和国残疾人保障法》第二条的规定：残疾人是指在心理、生理、人体结构上，某种组织、功能丧失或者不正常，全部或者部分丧失以正常方式从事某种活动能力的人。残疾人包括视力残疾、听力残疾、言语残疾、肢体残疾、智力残疾、精神残疾、多重残疾和其他残疾的人。

2. 初次见面要注意称呼的口气和语调，要亲切、彬彬有礼。

3. 约定俗成的称谓仍在使用：聋校、盲校、盲人按摩师、盲人足球、盲杖……

4. 从称谓上看社会的文明进步尤为显现。今天，几乎已经没有人用“瞎子”“聋子”“跛子”“瘸子”“瘫子”等词汇，拿残疾人开玩笑马上就会受到公众的斥责。

5. 服务境外残疾人时，要充分考虑服务对象的国籍、民族、宗教等各种社会文化背景，一般可以按照国际习惯在直呼其名时冠之以“先生”“女士”“太太”“小姐”，或者使用本人告知你的昵称。

第五章
志愿助残，要先走近残疾朋友

作为志愿者，特别是助残志愿服务，只有先走近残疾朋友，了解他们，才能提供最为切实的帮助。其次，各类残疾朋友，他们都具备大家不容易发现的“潜能”，他们在生活实践中磨练出来的自理能力和顽强面对困难的精神，往往会给志愿者带来很大激励，这也是志愿者最为受益的一面。

第一节　得体助盲，我们能做好吗

一、志愿助盲　安全为先

当年我在德胜街道，经常参加社区残疾人的活动，发现有一位视力障碍的朋友无论冷暖或室内室外总戴着帽子，与他熟悉之后便问他，进屋为啥不摘掉帽子？他回答说：“林老师，你有所不知，我所患的眼疾，眼球如果被碰撞就出危险了，所以，用帽檐作为一种保护，我们盲人看不见眼前的障碍，万一被撞，后果不堪设想！”闻此，我大为震惊。并为此专门请教了特教学院韩萍院长，得到非常细致的解答，对视力残疾人的了解也逐步深入，不少朋友的视力障碍源自眼球的病患，如果因为碰撞、外伤会加重残疾程度，原本还有的残存视力很可能也会失去。我深深地感到，为残疾朋友提供贴心、周到的服务是任重道远的责任！

助残提示

1. 为视力残疾人开门要完全打开，比如半开的门的反弹，可能会碰伤视力残疾人。一些视力残疾人的眼睛也需要特别防护，要避免碰到他们的头部。

2. 引领视力残疾人时，一定走在他们的侧前方，上下楼梯时要随着被引领者的示意节奏上下和停顿。

3. 应有全面避险意识，不仅要确保地面无障碍，所到之处如有地毯卷边、地上有电缆或者电线，以及小小的凸起物等，都要提醒他们注意，防止绊倒；也要注意不会因为有悬空的障碍（树枝 / 门框等），碰到他们的头部，以免加重他们的眼部疾病。

二、助盲从声音开始

（一）得体招呼

记得参加一次全国的残疾人会议，我负责接待外地来京的视力残疾人朋友，来到车站，遇到了我的老朋友，他和几位视力残疾人伙伴刚刚下车，我径直走过去，亲热地和他打招呼，因为不认识其他人，开始我也就没有招呼他的同伴，但我忽然觉得另外几位视力残疾人朋友在我走近时，右手都微微抬起来一下，之后迅疾放回原位，我感到了自己的不妥，不能冷落这几位素不相识的视力残疾人，我便暂时松开老友的手，主动和几位不相识的盲友打招呼，介绍自己的名字之后，和他们一一握手并询问他们的姓名，每个人都说上几句话，表达欢迎之意。出站时我想帮忙替他们拿行李，老友说："我们的行李一般都是自己拿，你就不用帮忙了。"我开始还担心老朋友会不会觉得我多事，一个劲地招呼他的朋友，冷落了他，接站光聊天也不帮忙拿行李，不知道合适不合适。

第二天，再次见到老友时，他非常诚恳地说："昨天你在车站，热情招呼我的同伴，特别好。我们视力残疾人因为看不见，不太方便招呼别人，也常常会在初次见面时被别人忽略，你昨天见到我打招呼，同时还招呼我的朋友，使我的同伴们感到，一到北京，下车就有熟人、有朋友很亲切。"我马上抱歉地解释："你们太客气，没有让我帮忙拿行李。"他说："我们视力残疾人有习惯，行李一般不离身，尤其是随身的小包，里面有证件、文件、手机、钱包等，是不离开身边的，你也就不必自责，你就是想帮忙，我也不会让你提的。”

我居然意外得到机会，再次学习了新的知识。

助残提示

1. 面对两位以上视力残疾人，即便你只认识其中一位，也要和大家逐一打招呼，离开时也要告诉他们每一位。

2. 未经同意不要坚持为视力残疾人提随身携带的行李，尤其不要为了显示自己接待的热情，贸然上前“抢夺”他们手中的行李和包。

3. 需要与视力残疾人握手时，可以主动表达，用语言提示“握握手吧”。

4. 如果视力残疾人朋友有主动意愿，只要对方伸出手，要主动相迎。

5. 如果双方都是视力残疾人，工作人员或者志愿者要及时主动给予帮助，引导双方握手，免得尴尬。

6. 与多位视力残疾人朋友谈话，对其中一位讲话时，想要明确指向，先说他（她）的名字，提示你正在对他（她）说话，并保持正常的语速、语调，不要断断续续。当你要离开时，要用语言告知视力残疾人朋友，特别是要告知正在和你说话的视力残疾人。

（二）得体引导

也是在这次接待视力残疾人的会议上，陪同老友入住，因为比较熟悉，他邀请我们进到房间坐一会儿，宾馆服务的两位志愿者也跟随而入，很负责地介绍房间内的设施设备，介绍遥控器怎么使用，拖鞋在哪里，水杯、茶叶和水壶的位置，连空调遥控器、电视遥控器、电话热线都一一告知，还说浴室的毛巾有两种，手摸感觉不同，使两位视力残疾人区别使用，连洗发液、浴液都用外形不同、容易区分的瓶子装的。

我们正在慨叹这次会议接待如此细致到位的时候，志愿者就要离开了，为了不打扰我们，只是向我挥挥手，悄悄比划了一下，用口型告诉我："我们走了。"然后，他们互相拉拉胳膊，轻手轻脚地要离开。我们的老友马上察觉到"有情况"，问道："怎么了？要走吗？"还开玩笑地说："是不是声音大了害怕吓着我们。"之后，他们跟我说："你们不用这样客气，小声说话，会让我们觉得见外。如果有事情回避我们，可以直接讲明情况就行，我们不会介意的。"她还介绍说："有的西方人一般不会邀请别人进自己的房间，我欢迎你们来坐坐。"

助残提示

1. 引导视力残疾人入住宾馆房间时，一定要引导其自行用手触摸，熟悉房间布局，也可以将其带到门口，请其自行熟悉。（中西方文化背景不同，需求不同）

2. 不要在视力残疾人旁边窃窃私语、打手势。一是不够礼貌尊重，二是避免他们产生误解，有事情可以直接讲明。

（三）必要的问候

为了迎接2008年北京奥运会和残奥会的到来，北京市民热情似火，各类迎奥运活动此起彼伏，我作为残奥会志愿者的专家团队一员，常常会四处奔波，不仅去高校为大学生志愿者宣传助残知识，还去北京各个社区讲课。记得在德胜社区的一次课后的讨论中，大家正在热烈进行之时，忽然一位盲人按摩师举手发言说："奥运会我们都关心一年多了，只要是与奥运会有关的活动我都来，可是每次开会的时候都是领导、嘉宾来了不少，对于我们来说根本没有感觉，不仅是看不到，常常也听不到他们的声音，不知道哪些来宾参加了我们的会议。如果以后有视力残疾人参加的活动，可不可以请各位领导也说句话，让我们通过听声音'认识'你们吧。"

当时，我深受启发，非常感谢这位提建议的朋友，从此我经常在讲课中提到这位朋友的建议，只要有视力障碍的朋友在场，我们都会介绍到场的领导嘉宾，让他们向大家问声好。一次，我参加盲协的会议，发现凡是被介绍到的与会者都非常自然地站起来，大声向到会的朋友问好致意，让声音传递温暖并拉近彼此间的距离。

助残提示

有视力残疾人在场，会议或活动的主办者要注意请主要领导和嘉宾向大家问好，使视力残疾人能通过声音“认识”来宾。

（四）注重细节

还有一次，参加朝阳区的一个社区活动，主持人是北京电视台的主持人曹一楠，因为台下有不少视力残疾人，他在主持开场的时候，不厌其烦地将现场的陈设、背景板的文字、甚至几位嘉宾的身形、身着服装的颜色，做了一一介绍，让台下的视力残疾人一阵阵鼓起掌来，这也意外地成为当天活动开场的一个节目。我理解，他们不仅仅是被小曹幽默风趣的言语打动，也不仅仅是在欢迎到场的嘉宾，更是对主持人细心的体贴，对残疾人朋友的关心而感动。随后，我们在撰写助残礼仪的教材中加进这一细节：主持人应尽量多用言语描述现场的氛围，让视力残疾人更加真切的感受、了解现场情况。

（五）慎开玩笑

一位老友听说我在编写助盲的礼仪，便主动打电话告诉我说，他因为长期从事残疾人工作，结识了不少视力残疾人朋友，有的还特别要好，不经意间常常开些玩笑。有一次见到他们区盲协主席来开会，因为彼此很熟悉，在其即将进门之时，故意走到他面前，挡住去路，对方忽然受阻，有些忙乱，他有点小得意地捏着嗓子用假声问道：“猜猜我是谁。”对方肯定是在意料之中没有听出来，自己便觉得无趣，实言告知，请对方谅解自己。

我之后与视力残疾人朋友谈到此事，对方解释说：“因为视力不行，有许多事情挺为难我们的，即便是好朋友，开类似的玩笑，其实也并不是过分，不过你想想，蒙住眼睛时突然有声音/或者有东西触碰你，会是什么感觉。不过咱们是老熟人，我们都习惯了。”一句话让我感到不好意思，真的不应该为了自己一厢情愿地开玩笑，给好朋友造成不必要的压力和负担。

助残提示

1. 当你走近视力残疾人时，请在距离他/她一米左右时给个声音提示。

2. 主动介绍自己，再熟悉的朋友，最好也不要开“猜猜我是谁”等类似的玩笑。

三、就餐时，这样服务更得体

笔者常常与各个专门协会的朋友共同开会，也就有很多机会和他们一起就餐。20 世纪 90 年代，我们还没有开展助残礼仪的培训，工作人员协助残疾人非常实在，我曾经看到，为了表达热情，工作人员为一位视力残疾人朋友夹了满满一碗菜，端到其手里，一再劝其快吃、多吃，并且站在边上“观摩”，以便随时帮忙。

那位朋友也不好意思拒绝，只能拘谨地、快速地往嘴里塞，由于吃得太急……

我也曾经看到志愿者为盲人朋友盛菜的场景：

问："你吃豆腐吗？"

答："吃。"

问："你吃牛肉吗？"

答："吃。"

问："你吃包子吗？"

答："可以。"

问："你吃豌豆吗？"

答："你看着办，随便打上一点儿就够了。"

几句话问下来，残疾人朋友忽然冷下来，似乎不太愿意那个志愿者的热心。志愿者也许还会感到委屈，但是换位思考一下，别人如是问你，你心里感受会如何？

这些情景深深地印在我的脑海中，也让我反复思考如何在就餐时，给予他们最得体、最可心的服务。

借助与视力残疾人朋友多次就餐的机会，观察发现他们从不要排骨、鱼虾之类的菜肴。后来，我尝试先把鱼刺剔除，把虾剥好，之后悄悄把鱼肉、虾肉推到他们手边，让视力残疾人也能同我们一样品尝到美味。

在以后的志愿者培训中，我们还咨询了中国盲协主席，并在他的提示下特别编写了协助视力残疾人就餐时应注意的礼仪细节。

助残提示

1. 为视力残疾人准备带沿的盘子或碗，避免他们把饭菜“杵”到外面；

2. 不要连续“追问”：“你吃这个菜吗？”“吃那个菜吗？”可以仅仅询问禁忌，比如“您有忌口吗？您不吃什么菜？”这样的询问，不会让对方有压力；

3. 告知他们餐具的位置、避免烫伤；

4. 带骨食物给予提醒；

5. 服务后离开，让对方就餐时感到有宽松的空间，没有压力。

四、导盲有礼，也要技术

多年前，我去一个单位开会，因为冬天时节，为了保持屋内的温度，正门暂时关闭，留有侧门供人进出，还挂着厚厚的门帘。门口有一位保安同志，见一位视力残疾人要进门，先是招呼了一声：“走左边。”看到视力残疾人朋友不知所措，便大声喊起来：“往左边转一下。”视力残疾人朋友还是不知所云，保安便上前一把拉着视力残疾人的盲杖，在众目睽睽之下，拽着他进了大门。他们助人的心情固然可嘉，但也许他们并不了解这突然一拽盲杖，对于视力残疾人来说是什么感受，会不会很紧张？旁人看到此情此景会有什么感觉，是不是有失尊重？如果用言语提示不行，是不是可以学习一点知识，走上前去，采用合适的导盲手法，引导视力残疾人进门，岂不是更加和谐。

助残提示

1. 切记不可以随意拿走视力残疾人的盲杖，或者牵引盲杖为其带路。这样做，会令视力残疾人感到不舒服，也不够尊重对方。

2. 不经询问和同意，不要去尝试为视力残疾人引路。引路者要注意，自己的角色是引路，应让视力残疾人在保证安全的前提下，尽量依照自己的习惯自行行走。此外，在为视力残疾人引路时，要使用描述性的语言，比如："这个大门是玻璃的，是对门开的，中间各有一个把手，往里一推就开了。"把自己能看到的一切都尽量多地讲给对方听。

五、助盲重在细微处

（一）理解"低视力"障碍

在北京市无障碍指导中心，我曾经遇到一位工作人员，他唱歌很好听，善于表达，对人也热情，后来才发现他的视力有障碍，在光线很好的情况下可以辨别人、辨别物、行动无障碍，但是只要光线稍弱，视力就不行。我们一般将这样的视力残疾人称为"低视力"障碍，而且他们在视力残疾人之中占据大多数。"盲人一定是什么都看不到"是一种误解，多数视力障碍的残疾人可以看到部分事物，但是不清晰，视野很窄，但是这样的视力残疾人更加需要细心周到的帮助。

这位工作人员有一次应邀为地铁职工讲解无障碍的知识，我也到场旁听，他有一段对“低视力”残疾人的描述说：“人们一般也称呼我们是盲人，其实我们不是什么都看不见，因为有时候会行动自如，旁人会误以为我们没有什么障碍，不需要帮助，我们需要特别理解、特别关注。我们的主要特点就是：白天看得见，晚上看不见；晴天看得见，阴天看不见；近的看得见，远的看不见；大的看得见，小的看不见；有颜色的看得见；透明的看不见。”他们在光线昏暗的环境中，常常看不清楼梯的高度、地面的积水、男女洗手间的标识、商店的价格标签、玻璃门，等等，此时特别需要帮助。当然也不是越亮堂越好，因为患不同的眼病致残的朋友，对光线的要求不同，如白化病、青光眼的残疾人非常害怕暴晒和强光，如果在日光之下参加活动，最好带他们到树荫下或采取其他避光措施。总之，对残疾人的不同需求和相关常识了解得越深入，就越能提供体贴入微的帮助。

助残提示

引导视力残疾人，志愿者或者工作人员要区分对方是不是全盲，如果有一定视力，给予协助时要多借助语言提示。

（二）安全摆放水杯

我曾任职西城区残联肢协 10 年，每年都有很多会议、活动，常常与各专门协会共同参与。经过长期观察，我们了解到视力残疾的朋友使用的茶杯、碗盘等用具，都是放在固定的地方，不可随意挪动。曾经有服务人员不了解这个特别之处，在给盲协主席续杯后，没有将水杯放回原位，结果被到原位寻找水杯的盲协主席一抬手打翻，开水烫着盲人朋友的手，同时流向满桌的文件……这样的“事故”每每造成现场的忙乱和尴尬。我们区残联前副理事长焦志强是一位有心人，遇到这种情况之后，他带领几位残疾朋友深入调研，很快制作了一种避免水杯翻倒的“杯垫”。这种杯垫是长圆形的，厚约 3 公分，中间有两个直径约 6 公分的凹槽（纸杯可坐落于此），这样水杯就不容易打翻了。这个创意用品很快出现在残联各类会议上，受到视力残疾朋友的好评；中残联的领导发现后也极为称赞。

助残提示

提示视力残疾人杯子的所在位置，一般要让残疾人亲手接触到杯子，之后就不要挪动水杯，避免引起水杯打翻。

（三）明确指示方位

我的一位盲人朋友，20 多年前因为疾病，视力逐渐下降并最终失明。她不仅举止优雅，衣着得体，总是以十分光彩的形象出现在我们面前，我问她如何选择衣服，她的方法是，衣服领子的内侧有商标，通过商标确定这件衣服的式样、颜色和款式，选择时通过触摸不同的商标，确定当天需要穿的服装。她听说我在撰写助盲的礼仪，给我提出了许多建议。

比如她参加许多会议，都会有志愿者或者工作人员引领她入座，常常是搀扶着她的胳膊，来到座位边上，一阵忙乱地将她“放在”座位上，显出无微不至的细心，其实视力残疾人入座没有这么复杂，只要引领他们来到座位边上，一手触摸到桌面，一手触摸到座位，他们完全可以自己入席就座。

另外，她曾经感慨地对我提到：过去看得见，你跟我讲“你来这儿。”“去那儿。”“放在这儿。”“在那边儿。”……我一眼就能确定方向和位置，现在你再这样说，我就不知所措了，这些不明确的方位词，我们视力残疾人听起来是困惑的。如果要表示方位，一定要以前后左右来表达，比如“左手边是大门。”“向前一步进电梯。”……我们会比较容易理解。

还有就是在一些特殊的场合，比如购物付款、办理银行手续等，可能会有志愿者协助，特别要注意保护他们的隐私，点钞、签名等手续，除非对方要求帮助，还是要残疾人自己来完成的。

助残提示

1. 指示方位要清楚准确。要用“前”“后”“左”“右”明确告知方向。

2. 引领视力残疾人入座， 要把他 / 她的手轻轻放在座椅的靠背或扶手上，让他 / 她能够确定座椅的位置。

3. 上下楼梯时要随着被引领者的节奏示意上下和停顿。

4. 志愿者只需让视障朋友的手触摸到需要签名的地方，他 / 她即可自己签名。

（四）导盲犬不是宠物

我去观摩一场国际比赛，现场看到中国盲协的一位老主席，携带导盲犬也到了现场，一时间成为大家议论围观的对象。比赛之后，我想约他聊几句，因为坐在不同区域，就上楼去找他，没想到楼上人满为患，拥挤不堪。我上前之后才看到，他和他的导盲犬被围得水泄不通，四处都是照相合影的、好奇围观的人们。好不容易挨近他，也没法说话，只得将导盲犬递给助手，当作道具摆上 pose 任由大家围观照相。我们俩暂且到旁边的小会议室坐下。时至今日，见面谈到那一天的情景，还有些感叹，导盲犬是盲人的眼睛和伙伴，不是宠物。看来导盲犬普及需要社会的理解和支持，共同营造合适的环境。

助残提示

没有得到主人允许，不要抚摸或分散处于工作状态的导盲犬的注意力，更不要喂食、惊吓。

第二节　听、说有障碍　用心能消除

“听”是人们获取信息的重要渠道，对人造成的障碍极大。听力损失导致的不仅仅是信息缺失，比如儿童无法听到自己说话的声音，也不理解人们通常的语言规范，便很难开口进行语言表达。因为听力障碍引起言语障碍，俗话说的“十聋九哑”也是这个原因。

听力残疾还严重影响人们之间的思想交流。曾经有记者问海伦•凯勒，如果有来生，你是愿意成为盲人，还是愿意成为聋人。海伦•凯勒的回答是“成为盲人”，令人意想不到。海伦•凯勒解释说：“盲，是人和物之间的距离被隔断了，聋，是人和人之间的距离被隔断了。人和物之间的距离能通过言语来描述，或是把物体带到人身边去消除距离，而人和人之间的距离怎么办？”这就是听力残疾人最大的困境所在，不容易被人理解。

听力和言语障碍的人，大家在日常生活中，常常会称呼为“聋哑人”，其实这不太合适，经过这么多年的宣传和引导，现在应该称呼为“聋人”、“听力残疾人”或者“言语残疾人”，我们所说的所谓“聋哑学校”，其实以“聋人学校”命名比较妥当。因为相当多的聋人只是听力受损，声带是健康的，能够发声学话，前提是经过语言康复训练。海伦•凯勒，虽然听不到、也看不到，经过艰苦严格的训练之后，不仅能够与人沟通，还能够说话表达，成为了出色的演讲家！

我与北京聋协的老主席是很好的朋友，但是与他相识，却是通过一件偶然的小事。20 世纪 90 年代，我参加一次残联组织的联谊会，那时残疾人聚会机会比较少，会议开始前，老友相见分外亲热，都很兴奋，会场到处笑语欢声不断，独独一位老者，立在群体边缘，眼睛在四处巡视，好像在找人，经过我面前时，因为不相识，也没有跟我打招呼的意思，为了方便他通过，我向后挪了一下轮椅，给他一个微笑，并下意识地举了一下手，因为关节强直，好像竖起大拇指，类似手语的“你好”，他好像一下子受到鼓舞，突然脸上泛起光芒，热情起来，带着微笑跟我握手，接着一连串的手语动作，让我茫然起来。我马上掏出笔和纸，介绍自己，并与他交流起来，因为到场的聋人好像只有他一个人，我就充当起临时翻译，用笔和纸传递信息。从此后，每每见到老主席，他都会主动过来和我握手，将我介绍给他身边的聋人朋友，我也学习了一点点手语，知道他一直把我当作好朋友。他听说我们的儿子出生时，还亲手用木头制作了一辆小火车作为贺礼，这份满含真情的礼物我们至今还收藏着。

其实与聋人交流就是这么简单，你眼里有他们，他们眼里就有你。你心里有他们，就会成为他们的朋友。

助残提示

1. 与听力障碍的朋友交谈时，应面带微笑，真诚地目视对方，不要显得漫不经心；

2. 交谈尽量直截了当，有一说一，有二说二，避免用晦涩、幽默或说反话等方式；

3. 交流有困难时，可采取笔谈方式，使用手机交流最方便，语言尽量简洁。语句中有主语、谓语、宾语即可；切忌加上很多修饰语，也避免使用口语化的语言；

4. 不要随便打断对方的讲话或者不顾时机地插话；

5. 聋人因听力受损，但是视力比较敏锐，非常容易用目光选择自己感兴趣的信息，跟他们交流时会发现，他们情绪非常高涨，有些动作和表情很夸张，多留意他的眼神和手势，也要注意自己的表情，清晰表达自己的意思，最好学一些简单的手势，比如“你好”（伸出大拇指）、“谢谢”（大拇指弯曲两下）等，便于和聋人沟通交流；

6. 有听力残疾人在场，请及时将大家交谈的内容转达给他们，免得引起猜疑或误解；

7. 因为科技的进步，有了同声速录的字幕显示系统，特别便于聋人了解信息。参加会议也方便了许多。但是应该了解到，一些聋人参会，还希望有手语翻译，聋人听力受损，接收信息有局限性，有些字义并不理解，手语翻译会更加习惯，更加通俗，更好理解、领悟会议内容；

8. 与懂得唇语的听障朋友交流，要一对一地与他 / 她对话；

9. 观看听力残疾人的演出之后，我们应该伸出大拇指或高举手臂、摇动双手向他们致意（因为他们听不到掌声）。

第三节　理解才能服务好

所谓言语残疾，是缘于各种原因导致人在不同程度上的言语障碍，虽然经过治疗，也不能或难以进行正常的言语交流活动，以致影响人的日常生活和社会参与，包括失语、运动性构音障碍、器质性构音障碍、发声障碍、儿童言语发育迟滞，听力障碍所致的言语障碍、口吃等。通俗的理解就是："听得见，说不了。"

一些因手术摘除发声器官的人们，听力是没有问题的，只是不能发声，不能与人用声音交流，言语不便。我国一位著名的相声艺术家，因病手术后，失去了讲话的能力，经过艰苦努力，使用气声也能表达思想，十分令人敬佩。志愿者要服务此类人群，也应该有所学习。

我记得一次在某医院候诊，护士通过叫号请病人就诊，叫到的人一般都会应答一声，但叫到 26 号时，远处一人举了一下手，没有出声，护士因为低头看手中的挂号顺序，显然没有感到有人应答，继续叫 27 号，当 26 号病人来到诊室门前时，27 号病人已经捷足先登，坐在医生跟前就诊了。26 号病人就比划着表达自己应该先就诊，但是护士显然不好再协调了，看 26 号病人有点儿着急，只能安慰说："稍微等候一下，这个病人之后就轮到你了。"

原来这位 26 号病人是一位无喉者，听得到却不能说，有人说护士应该更耐心一点儿，有人说这位病人应该早点到门口来等，有人说他看病应该有人陪，等等。当然，如果旁边有一位热心的志愿者帮忙，也许就没有什么问题了。其实，我感觉现实生活中，我们自认为习以为常的交流方式，并不一定适应所有的人。所以，要改变和调整的恰恰是我们自己和社会环境。

助残提示

1. 不少言语残疾人在听力上是没有障碍的，志愿者为他们提供服务时，都要保持言语的礼貌，使用文明用语“您好”“请”“谢谢”“对不起”“再见”等，这些应当是我们志愿者习惯的用语；

2. 面对的言语残疾人是多位时，应分清长幼、男女、身份来称呼；

3. 禁忌使用“喂”“哎”或不恰当的代称，如“下一个”“老头”“某某号”等；

4. 积极倾听、理解对方的要求，志愿者若听不清楚，可以请对方重复一遍，不要说“你好好说，大点声”；

5. 以询问的方式确认对方的意思：“你是不是要打车？”不要用对方的口气和节奏重复对方的话，避免对方误会在模仿他。

第四节　辅助智力残疾人

北京各个街道乡镇都有“温馨家园”，其中大多是以职业康复为目的，组织周边的重度残疾人学习、劳动、康复、娱乐，其中智力和精神残疾人比较多。我有不少朋友在职业康复站工作，面对这样的服务对象，他们面临很多挑战，一些朋友曾经向我提出，应该以怎样的礼仪来做好服务智力和精神残疾人的工作？其实这对我也是挑战。因为我们一般都认为智力障碍的残疾人缺乏交往的愿望，对交往的信息不大理解，与人交往的方式方法“不恰当”，不懂得交往的礼仪（其实就是不符合我们的习惯）。

为了解除疑惑，我请教过专家，也去职业康复站和工作者深入交流。康复站的智力和精神残疾人，每天都要做一些简单的手工劳动。一次，一位智障者对工作人员说：“我们干活，你们怎么在那儿玩啊？”他们以为工作人员面对计算机工作是在玩游戏，工作人员把这个站点的加工任务画成一个流程图，耐心地向那位残疾人解释，告诉他，他们仅仅是在干十几个环节中的一个环节，而其他的工作均由工作人员来完成，用图说明取得了良好的效果。

一、手拉手，心贴心

有个康复站的智障孩子爱打人，当工作人员制止他时，他却说：“我打你是喜欢你。”工作人员想了个办法，每天早晨站在门口迎接他们到来，每个人拍打一下那个孩子，那个孩子说：“你们干吗打我啊？”工作人员说：“我们也喜欢你啊！”慢慢地，那孩子不再打人。经过深入地学习与观察，我们了解到，智力残疾人由于他们在语言表达上也会有障碍，他们“情急之下”会以拍打你、推搡你的方式与你交流。

在康复站，工作人员发现一位智障青年，对具体事务非常专注，一旦开始行动就不易被改变，曾经尝试分配一些适合他的工作，比如让他给居委会送信件、杂志，给其他残疾人分发物品等，每次完成任务后，大家都及时给他赞许，这给残疾人很大的自信，也激励他越干越有积极性。

有一位陪伴了智障女儿40年的妈妈告诉我，几十年的陪伴与学习，发现孩子心地善良、爱劳动，但她非常敏感，每当听到歌声中有妈妈、孩子等字眼时她会大哭。面对这样的状况，家长首先要保持冷静，既不要制止更不能训斥，安静地让孩子逐渐平静下来或者采取“转移法”让她关注其他事情。

“温馨家园”和职业康复站的工作人员告诉我：“这些智力残疾人是我们的工作主体，我们只是支持者和协助者，做好工作是本分。”

上述这些真实的故事让我很感慨，其实这就是最好的礼仪。服务残疾人的基本原则就是平等、尊重和真诚。他们在日常工作的实践中做得如此到位。其实，这就是礼仪的最高境界。

他们面对智力和精神残疾人每个个体的差异和不同的困难，在责任心的感召下，用自己的智慧，实践着与残疾人“手拉手，心贴心”。

助残提示

1. 要了解智力残疾人的性格特点、生活习惯，进而接纳、尊重他们；

2. 要在观察中发现与智力残疾人交流的有效方式，在与他们交往中学会运用对方适应的方法，也就是向对方学习沟通方法；

3. 大多数智力残疾人能与他人建立交往，而且具有淳朴、善良的本能，在情感上他们明白谁对他好，这一特点需要珍惜；

4. 始终微笑，主动打招呼，从他们的眼神、表情和举止，了解他们的现状。除了诚恳、耐心的本分，工作服务也要有灵活性，多加赞誉和鼓励，使他们愿意接近你，从而便于沟通；

5. 要用心了解对方的想法，同时让对方了解你的想法。

二、于无声处动心扉

在一次大型残疾人运动会上，一位女大学生志愿者负责引领一位智力残疾运动员参加比赛。志愿者经过前期培训，学习了一些礼仪和服务规则，也因为有机会作为志愿者参加这次大赛服务，十分珍惜，鼓舞起自己的热情，抱定了全力以赴地做服务的决心。但是第一次见到这位运动员时，她内心有一点儿失望，这位女运动员并不愿意跟她一起走，志愿者反复再三地示好，才勉强缓缓将其引领上车。上午比赛结束，又经过耐心地努力，才又将其引领回住处。午休之后，志愿者又一次想方设法，拉起她的手上车到场馆。期间，志愿者极尽努力，释放自己的热情，对方也面无表情，没有一句回应，甚至连一个浅浅的微笑也没有。志愿者失望极了："这就是我要的赛会服务吗？回去之后怎么跟同学描述自己的工作呢？"

结束比赛，这位运动员没有获得优异的成绩，返程的时间到了，见她和几位队友在一起，总是站在边缘，有人拽她一下，也纹丝不动，显得孤零零的，志愿者慢慢向她走过去，一边还在想用什么办法“哄”她上车时，意外的是，这位运动员似乎认出了她，张望着往她这个方向迈了一步，志愿者感受到一种什么力量的牵引，紧走两步，来到她身边，对方竟然主动伸出手，似乎早就在等她来牵引，志愿者顿时从心底涌出一股温暖，手甚至有些颤抖，轻轻拉起对方的手，两人像姐妹一样慢慢上车，还是没有一句话，只是觉得这位运动员一直倚靠在志愿者身上。志愿者回顾这段服务过程时，激动不已，就是这一天的耐心和坚持，主动伸过来的小手，细微之处感受到对方的接纳，在人与人之间搭建起连接的时刻，是那么让人震撼，内心受到巨大的冲击，感受到人类最为珍贵的信赖和最纯粹的真诚，能够有这样一段经历，是她参与这次志愿服务最大的收获。

助残提示

1. 说话要简单，要使用正面意思，以直白的话语交谈，有必要时说慢一些并做重复；

2. 尝试请他们重申表达的要点，以确保他们理解交谈的内容；

3. 可用身体语言表达或加强沟通；

4. 不要求智力残疾人猜测事情；

5. 尽一切所能尊重对方、接纳残疾人，竭力加深对彼此的了解、信任感及亲密程度；

6. 应尽量给予足够的时间让对方表达，切勿催促，尤其是在转换一项活动、一个新的话题时，更需要给予残疾人足够的时间来适应；

7. 对智力残疾人的正面行为给予适当的鼓励及赞赏，这样不仅会使他们有成就感及满足感，同时也会引导他们对正面行为做正确认识；

8. 严禁歧视性、侮辱性的词语。

第五节　辅助肢残人　细微之处显尊重

志愿者完成助残服务之后，千万不要把自己置于道德的制高点，不厌其烦地宣扬自己的“贡献”和“所作所为”，而把接受帮助的残疾人置于弱者和被施舍者的地位。这时候，可能我们满足了，但是他们呢？他们会不会失落呢？这样的助残志愿服务是欠妥的。

一、不要“强行”助残

20世纪80年代，我们曾经接待过日本的一个残疾人访问团，晚上用餐，因为安排在二楼，还没有电梯，那时北京的无障碍设施也确实有限，人们基本上没有这方面的概念和意识。日方一位架双拐的朋友走到楼梯边，我们的工作人员一起拥上前去，准备用搀、扶、背、抬等各种方式，将其送上二楼，以表达我们的热情。但是另一位同行的日本伙伴，操着不熟练的汉语对我们说："不要！不要！""他自己可以。"拒绝了我们的帮助。并且坚持请我们先登上楼梯之后，这位日本朋友才帮助伙伴拿好拐杖，让其一手持拐，一手摸着楼梯扶手，缓步慢行，一级一级地逐渐登上二楼。

我们在赞叹这位朋友的自强精神和坚韧毅力的同时，还有些不解：为什么这样干脆地拒绝我们这么多人的好意帮助呢？多年之后，我们才慢慢理解了助残的原则是以尊重为最高原则。

在 1994 年，北京迎来了一件要事，就是承办第六届远东及南太平洋地区残疾人运动会。为了举办好赛会，北京不仅市容焕然一新，为方便残疾人出行的设施也在突击建设，为了方便轮椅乘车，不少地方出现了用水泥砌成的临时坡道。记得当时赛会安排一些运动员登上长城游览，请求解放军派出数百名战士，3—4 个人抬一辆轮椅，将很多运动员送上"好汉坡"，战士们的辛苦付出让人感动，但是这样的安排让境外的运动员并不领情，因为他们心里不安，有负疚的感觉。

尊重不仅体现在神态上，也要体现在实际行动和辅助方式上，比如前面提到的那位日本朋友虽然上楼确实比较费劲，但是在他看来，只是登楼的方式与我们不同，他坚持用自己的方式登上一级又一级台阶，我们不干预就是尊重；比如登上长城的朋友，如果有缆车或者坡道，使他们驾驶轮椅的能力得到发挥，经过努力登上长城，身心都会是愉悦的。

还记得十多年前，笔者想约几位残疾人朋友聚餐，电话一联系，有两三位来不了，都是因为意外受伤了，细问之下，原来都是架拐出行，上台阶时，遇到好心人上来搀扶，一下子失去平衡，跌倒受伤，在感叹之余，也想到助残是有技术的，有方法的，并不简单的。在之后的很长时间，只要有机会就像大家宣传，见到架双拐的朋友，不能不由分说立即上前搀扶，残疾朋友使用拐杖行走，重心、平衡都很习惯，别人一搀扶，打破了原来的习惯，常常因失去重心而摔倒，甚至受伤。我们常常会遇到这样的呼吁：“千万不要在架双拐的残疾人行走或上下楼梯的时候，贸然扶一把。”这样非常容易使其身体失去平衡，反而导致“帮倒忙”而显得尴尬。

助残提示

1. 尽量让残疾人做力所能及的事，残疾人表示不需要帮助时，志愿者不要“强行”前去帮忙，只做辅助支持，尽量不“干预”；

2. 做到“对方不接受，我就不坚持”；

3. 与有助行器（单拐、双拐、手杖）的残疾人同行、上楼梯或乘滚梯，最好走在他们前面，或者待他们上到楼梯顶层，再跟上；不要在后面亦步亦趋地紧跟，让他们有紧迫感。如果为了方便照顾，也可在征得同意后，陪伴在适合的位置；

4. 服务好他人的基础是尊重对方，过分热情或者忽视都是不礼貌的行为，过犹不及；

5. 引导肢体残疾和脑瘫残疾人行进时，平路应主动走在残疾人侧前面 1.5 米左右，速度要与对方相适应，特别要注意路面的情况，路滑或有水时要给予提示；

6. 肢残人上下台阶，如果对方同意，志愿者伸出一条手臂，让对方以主动的方式扶住你，随时可以放开，比较恰当。如果其单手使用器械（拐杖）的，可协助其不用器械一侧的手臂，必要时经残疾人同意可以协助完成坡道和较窄通道的行进；

7. 上坡道时要缓慢，走在他们的侧后方和不方便的一侧（保持一定安全距离）。

二、平视显示平等

（一）从内心“蹲”下来

有一位志愿者曾经对我说：“与残疾人朋友面对面交流的时候，我始终保持自己的眼睛不要高于对方。”我当时还觉得有点儿刻板。

1992 年，北京市残联成立不久，领导曾经带队访问日本学习考察残疾人工作，在访问结束返回北京时，因为时间匆忙，赶到机场后，我们直接到服务前台找到一位工作人员希望帮助我们尽快办理手续，并指引我们找到登机口，我们三个人操着不熟练的英语、用手比画着，向那位漂亮的、身着短裙的姑娘表达我们的急切之情。这位工作人员以日本人那种特有的、对人恭敬的姿态站在我们中间，始终面带微笑，尽力了解我们的需求，随行的一位残疾人看到我们交流不畅，急忙向前，因为个子矮小，伸手只能够到对方腰部，因为着急就轻轻拍了对方一下腰，姑娘因为冷不防，身上一震，回头巡视，发现身边有位个子矮小的残疾人朋友，随即表现出一副非常抱歉、无意忽略的表情，非常自然地蹲下来，尽管短裙很紧，但还是用力下蹲，几乎跪地，尽量与对方保持视觉上的平行。这种待人的态度，可能是职业的素养，绝对是内心真实的表达，真情实意才能如此自然、得体地表现出来。我忽然觉得，这次到日本学习访问，这才是真正的收获。

作为残疾人工作者，不仅仅面对残疾人群体，用诚心诚意交流、沟通和服务，更要面向健全人和全社会做工作，改变社会对残疾人的态度和认知。如果我们健全人，遇到需要帮助的人都会真诚地从内心“蹲”下来，我们的社会将会多么和谐！这是我们大家共同努力的方向。

助残提示

与个子矮小或坐轮椅的残疾人交谈，时间若超过一分钟，最好采用蹲姿与其谈话，此时双方的目光在同一水平线上，体现尊重。

（二）保持礼貌距离

曾经参加一场残疾人活动，活动结束后残疾人围拢过来和领导、来宾交谈，一位领导为了表示与残疾人的亲近，主动走过去和一位乘坐轮椅的朋友握手之后，就把一只手放在对方的肩上，略一低头便聊起来，他们的距离也就是咫尺之间，少顷我看到乘轮椅的朋友尽量向上挺了一下头，似乎想改变要抬头仰视才能交流的局面，非常自然地将轮椅向后挪动一些，想与对方拉开距离，好舒服一些。可是这位领导竟然非常投入，又往前凑了一步，两人的距离还是咫尺之间，差不多以居高临下之姿态，自上而下罩住了坐轮椅的朋友。聊到兴致高时，竟然两次拍残疾人朋友的肩膀，这时旁边的一位朋友及时解围，向这位领导介绍其他几位朋友，寒暄之际，乘轮椅的朋友得以“脱身”。

我下来问这位轮椅朋友：“你干吗不解释一句，保持一段距离你会舒服一点儿，或者请领导坐下谈不是更好吗？”他说不好意思，怕影响了领导的兴致，觉得残疾人事多。其实这不仅仅是他，也是许多乘轮椅的残疾人常常遇到的一个小纠结。

助残提示

1. 与乘坐轮椅的残疾人交流时，要保持一段礼貌距离；
2. 不要倚靠肢体残疾人的轮椅或者其他辅助设备；
3. 不要拍轮椅使用者的头或者肩表示友好；
4. 最好坐下或者蹲下，不要让对方有被“居高临下”的感觉。

三、通电话的讲究

按照一般礼仪的原则，电话响三声要接听，如果响三声对方未接，可能是不便接听，应该挂掉，择机再拨或者等候对方打来。有不少残疾朋友聊天时，经常会调侃接不了电话的情形，常常为赶快接听电话，忙中出错的情形。比如驾着拐杖、开着残摩行进间，突然电话响了，要找个不碍事、合适的地方停住，腾出手接电话，摔了拐杖、掉了随身书包的事经常发生；在家电话一响，一些身体不便的朋友，急着挪动身子，打翻瓶子、碰了桌椅的囧事经常发生，即便接起电话也要承受亲友的埋怨："怎么这么长时间也不接电话啊?！"

有一位礼仪老师还提到一种情形，因为全身关节僵直，行动不便，听到座机电话响起，常常要努力站起来，忍住疼痛沉稳一下身体，在慢慢挪到两三米外的电话旁，拿起电话时，可能对方已经挂断了。

接电话尽管是生活琐事，但是残疾人朋友也会遇到如此多的麻烦和困扰，如果我们了解到这些小细节，换位思考，做些小调整，比如多等候一些时间，比如不要开口就问："怎么这么长时间哪？"不是很好吗?

助残提示

1. 给肢体残疾人打电话，电话铃声可以响六到七次，便于对方接听；

2. 给任何人打电话，不要埋怨等候时间长。

四、不冲突的学问

交流沟通其实是一件非常困难的事情。残奥会期间，一位心理专家在讲沟通课时，有一点提示让我记忆深刻。人们的愤怒都来自“欲求不满”，当你的愿望不能实现时，就会产生愤怒，也阻碍双方交流，使得双方出现误解或沟通障碍，尤其是情绪发泄（抱怨、愤怒等）状态下，都会表达出指责与不满。比如用“你”作为讲话的开头时，会把说话者心中的指责意味表露无遗，促使对方急于为自己辩护，会把沟通的大门关闭，从而引发指向对方的争执。那么如果反过来，在提到自己感受的时候，将“你”调整为“我”作为主语，以“我”字开头，这样的信息传递会不一样，会主动表达出自己的感受，引起正向注意，让对方不会有被批判的感觉，促使双方开始沟通。

在这个基础上可以融入表达的技巧：志愿者主动关注、体会对方的情绪、情感，用“你”字描述对方的心情、想法、感觉，以及对方的行为对你（们）造成的影响等，诚恳的态度容易获得被服务对象的认可。比如“你现在是不是有点儿急事？”“什么事情（谁）让你不高兴了？”“我觉得你不舒服了？”“你是不是还有更好的办法？”

助残提示

1. 与残疾朋友交流，学习以“我”字开口。在服务时，“我能为你做点什么？”比“你需要帮忙吗？”容易让对方接受；

2. 服务脊髓损伤的朋友，请注意保护他们的隐私和习惯，特别是在更衣、如厕时，他们因大小便失禁后遗症使用尿不湿，因此需要志愿者随时做好准备，一旦他们提出求助请求要尽力相助；

3. 有的脑瘫患者言语不畅沟通困难，还有的我们不知道会有什么特殊需要，只有得到他的同意后才可给予恰当适时的帮助；

4. 无论是到家中或者是宾馆，造访重度肢残人一定需要提前预约，事先征得同意，因为许多残疾人一旦没有佩戴假肢、支具，没有乘坐轮椅时，行动非常不便，意外来访对于他们会产生压力或尴尬；

5. 70%—80% 的脑瘫患者伴有不同程度的语言困难，志愿者服务时，需要掌握一些特殊技能与方法。可以通过书写、手势、提问等方式来交流。例如，对伴有语言沟通困难的脑瘫患者，志愿者可以呈现图文对照的交际板或手册，语言困难者指点图或字或拼出单词以表示自己意思。即使严重脑瘫患者不能用手指点，也可用牙咬住一根小棍指点或用眼睛注视所需之图、眨眨眼睛表示肯定等方式交流。或者事先对一系列需求信息进行安排，每次提出一个问题，如“要喝水吗？”或“要到外面去吗？”语言困难者用预先商定好的信号作答，如以点头或握拳表示同意，摇头或伸开手掌表示不同意。对方听不懂问话时，可用卡片提问。利用简单明了的手势动作符号进行沟通，如用手做拿杯子喝水的动作、擦汗的动作，语言困难者也能懂得。

五、己所欲，也不要施于人

一位志愿者回忆，曾经遇到一位坐在轮椅上的脑瘫成年人自行“行走”在路上，他要到前面的路边报亭去买一份报纸。轮椅行至马路的镶边石时，他调整一下轮椅的位置，面对台阶，正准备上去。这时，志愿者走过来，站在轮椅后面，两手握住轮椅的扶手，一使劲，轮椅上了台阶。坐在轮椅上的人刚反应过来，接连发出“哦哦哦”如同呻吟一样的声音，眼神充满愤怒，一副很不高兴的样子。这位志愿者纳闷了，原以为做了一件好事，轮椅上坐着的人一定会感谢他，谁知事与愿违。因为他忽略了征求意见，尽管是好心，也有“失尊重”之嫌。

轮椅分类很多，有运动型的、生活型的，使用方式方法也各有不同，需要使用时留心。

服务乘轮椅者时，一些残疾人朋友可能会更换轮椅，这要专门训练，不可随意出手，以安全为第一要务。

多年来，曾经结识了不少残疾人运动员，一起吃饭也是常事，因为熟悉了，听说我们是做志愿者培训的，便会给我们提供不少建议。有一次北京轮椅篮球队的队长直截了当地跟我说：“残疾人运动会的志愿者都特别热心，时时刻刻微笑地关注着你，唯恐照顾不周，也让我们有压力。他因为单下肢截肢，驾着双拐，自助餐时需要志愿者帮忙，每次提醒志愿者帮忙打饭时别打那么多，可能是他们认为是客气话，连续打饭总是冒尖端来，吃不了不好意思，勉强吃了很难受。您是不是也培训一下他们，服务残疾人就餐的礼仪。”

助残提示

1. 询问对方需求时用排除法，比如“您不吃什么？您有什么忌口？”

2. 帮助失去双臂的残疾人就餐时，只要询问他们需要什么餐具，帮助他适量取菜品，摆放好即可，忌讳直接喂他们吃东西；

3. 帮助坐轮椅或架拐杖的残疾人用自助餐，主动询问对方需求，按照对方的要求协助取食品；

4. 残疾人用餐时，志愿者要保持一定的距离，不要太近，有观餐之嫌，给人带来压力；

5. 既要遵循“己所不欲，勿施于人”的原则，更要把握“己所欲，也不要施于人”的尺度。

六、欣赏改变习惯

我认识许多单下肢残疾的朋友，尽管行走不太方便，年轻时体力强，肌肉韧带都有力量，从不使用拐杖也并无大碍。但是随着年龄增加，不仅肌肉韧带松弛，关节的磨损退化也会很厉害，50 岁之后饱受各种关节、腰腿疼痛的煎熬。其实，如果早一点使用辅具（架拐杖、乘轮椅等），会极大地延缓各种劳损，减少疼痛的发生。可是不少残疾人朋友一直坚持“习惯”，不愿意成为离不开拐杖、轮椅的“老人”，也有的人认为拐杖占据了手的功能，很不方便，等等。尽管道理都懂，有的人也不愿意接受架拐和乘坐轮椅。

我从 2002 年开始为残疾朋友宣传礼仪常识，碰到一位朋友，喜爱唱歌，是北京市残疾人合唱团成员，平时坚持自己独立行走，比较吃力，其实如果架拐或者坐轮椅会便利得多，一次讲课的时候，我用她举例子说：“今天你听课坐在轮椅上，显得很精神，穿这条长裙你显得更潇洒；这件稍长的上衣比上次你穿的短上衣（蝙蝠衫）更优雅，面料也软，我觉得你会很挺拔，架上拐杖是不是更舒服一些。”后来再次见到面，她对我说：“林姐，我以前特别拒绝用拐杖、坐轮椅，觉得不好看，自从听了你的礼仪课程，我就开始用拐杖了，觉得既能保护好自己的腰椎，挺不错。”

还记得一位残疾朋友，四肢多残，不仅生活自理，还坚持在膝盖上垫上胶皮独立行走，速度还很快，有时候还参加广场舞活动，只要看到她在用膝盖舞蹈，人们都会被打动，热烈鼓掌加油，所到之处一定会引人关注。因为优秀，获得残联的表彰，在人民大会堂举行仪式的时候，她还是坚持自己用两个膝盖行走，很多人劝其乘坐轮椅更方便，她都拒绝了。这时一位残联老领导走过来，蹲下身诚恳地对她说：“如果你坐上轮椅，不仅速度会快一些，而且会更加雅观，要不然我们看到你这样辛苦，挺心酸的，换一下轮椅吧。”几句得体的话语，让她有所触动，答应了乘坐轮椅。

助残提示

1. 正向、积极的赞许比批评、挑剔或者命令更有效果；

2. 助残服务最好是“向物不向人”。在残疾人不经意间，志愿者已经为他们清理好道路，打开了大门和电梯，创造良好的环境，无需人与人之间身体接触的相助；

3. 残疾人都有一定的自理能力，更愿意自主料理生活；

4. 志愿者在服务过程中，与残疾人逐渐熟悉起来，并且成为好朋友，要用积极的情感相互影响，以情养情是培养情感最有效的途径，要从残疾人身上发现顽强奋斗的精神，也要用积极向上的情感，来感染残疾人朋友；

5. 如果需要提醒对方时，尽量采用积极正面鼓励的方式。比如一些下肢残疾程度较重的朋友，坚持不用拐杖或轮椅，行走十分费力，不仅艰难与痛苦，还会有身体的损伤，随着年龄增加残疾会逐渐加重。

七、接受才能接纳

一位体育教练给我讲过这样的经历，她第一次率队参加全国残运会，她的队员大多为上肢缺失者，这是她未曾带过的运动员。到达驻地，运动员们都谢绝了她的关照，她安顿好行李之后，还是不放心，马上去各个运动员宿舍敲门，看看有什么需要帮忙的事情。运动员宿舍居然多数都没有人，敲门到其中一间时，门是开着的，进入房间，眼前的情景让她大为震惊：运动员们席地而坐成一圈，中间是颇有讲究的茶具，运动员们熟练地用脚趾夹起一个类似于功夫茶的小茶杯“递”给教练……因为长期从事残疾人工作，教练知道此时不能迟疑，不能犹豫，一面双手接过茶杯，一面感谢，并就地坐下，参与到其中，之后她自己都感到这些残疾朋友确实热情可爱，和他们关系越来越亲密了，感情加深之后，至今想到这些队员，脸上还浮现出不舍之情！

教练告诉我，失去双臂的残疾人在长期实践中练就了一套独特的生活自理方法，除非必须，千万别以为他们凡事都需要他人协助。

助残提示

1. 在帮助上肢缺失的残疾朋友就餐时，除非他们提出具体的求助方式，否则一般只要询问他们需要什么餐具即可，忌讳直接喂他们吃东西；

2. 为上肢损伤和截肢者服务时，需要观察，了解他们的习惯。单臂与双臂的截肢者的需求各不相同，有的可以用嘴和单手协助穿衣和系鞋带，即便双臂缺损的残疾人，也可以自己自主独立地处理生活问题，只是我们发现有些没有完全处理好的细节时，应给予提示，如上衣是否舒展、鞋带是否系好，所带的用品是否需要帮助拿放等；

3. 肢体残疾人自己能做的事情，一定要让他们自己做。帮助肢体残疾人，首先征得同意再出手相助最能体现尊重。即便面对言语能力受限的残疾人，可用肢体语言作答，如以点头表示同意，摇头、摆手表示不同意。所有人都不喜欢甚至反感别人对他们怜悯，如果不征得残疾人的同意，一上去就帮忙，可能被视为不尊重，可能伤及对方的自尊心，反而会使服务陷入尴尬局面。

第六节　你会推轮椅吗

参加一些助残活动的时候，我们经常会听到有一些来服务的志愿者们相互之间的一问一答：

“你会推轮椅吗？”

“推轮椅谁不会啊？”

如此一问一答，可能被以为是在调侃，很多志愿者也许觉得，推轮椅不需要学习，用劲儿推不就成了吗？其实并不然，推轮椅真是个很具有专业的技术活儿。

一、轮椅不成行

多年前，我和几位坐轮椅的朋友应邀参加北京十大优秀志愿者颁奖活动。会议的组织者非常周到，准备了轮椅，并组织了十多位志愿者服务，当他们整齐划一列队进入会场期间，行进队伍时快时慢、时停时走，因前后轮椅之间的距离太近，我的轮椅脚踏板两次“铲”到前面一位推轮椅志愿者的脚后跟，那位年轻人脚疼得发出嘶嘶的声音，几次回头皱眉头，推我的志愿者也多次被后面的轮椅铲到脚后跟。我坐在轮椅上除了心疼之外，有点儿于心不忍、坐不安心的感觉，感到推轮椅显然是需要进行培训的。

从此之后我特别留意推轮椅的问题，十多年来，发现身边不少残疾人朋友经常会因为坐轮椅受伤，小伤有剐蹭、扭伤，严重的骨折也不罕见，原本乘轮椅出行是残疾朋友很惬意的事情，居然还有这么多风险。我归纳了一下，大致有如下场景会因为推轮椅不当发生危险：

1. 落座时没有刹车，轮椅向后滑动，人一下坐空，直接倒在地上；

2. 启动时过猛，人在车上向后被闪了一下，可能扭伤；

3. 停车时过快，乘者被闪一下；

4. 地面有些小的障碍，推者本能地认为猛冲一下，使劲推就可以越过，前小轮被阻，乘者向前冲，甚至用力过猛时，车停下来，人随着惯性冲出去了，倒地受伤；

5. 转弯、进出门时没有注意车与墙的距离，发生剐蹭，恰好乘轮椅者的胳膊在外被挤压、蹭伤；或者因为车速不减，车的脚蹬板碰到门框，撞在墙壁底部致使车急停，受惯性影响车子侧转，乘车人亦向前移动，身体被撞；

6. 地面颠簸，车速较快，乘车者下肢被颠簸移位落地，甚至整个人滑出轮椅；

7. 有些坡道较长，由于推车人双臂伸直，身体远离车位，重心过低，两腿大步后蹬时一脚蹬滑，容易导致车子失控后滑。下较陡、较长的坡时，乘车者滑出轮椅跌落。

可以看出，推轮椅需要掌握的正确技能与技巧还不少呢。如果志愿者掌握不得当，坐在轮椅上的朋友真的有危险。

2008 年北京奥运会、残奥会志愿者培训期间，来自北京联合大学特教学院的冯希杰老师总结出一套推轮椅的技巧，纳入残奥会志愿者培训课程，北京奥组委还编辑成教材向志愿者传授：

1. 停车就刹车，始终保持轮椅的稳定状态；

2. 坐稳再行车；启动、停车要和缓。

当肢残朋友稳坐车中需要前进时，推车人两眼注视前方，双手持住把手，身体与地面垂直，小臂自然弯曲于腰两侧，依靠腿的力量，通过两手使车平稳地向前移动，推车人移动时的两腿步长要相等，不宜过大，匀速行进，不能急停急起，使坐车人感觉到舒适和安全。

需要停车时，先要语言提示，逐渐放慢速度，三五步之后才能停止前进，切忌后拉急停。

冯老师归纳为：一立、二垂、三平稳。避免 2 米内的障碍，特别是进出门、电梯等时，在轮椅纵列行进之间也要间距 2 米以上。

二、轮椅入席找空当

几年前的一次会议，我推一位乘轮椅的领导就座，因为桌面铺有桌布，看不到下面的情况，入席时一下子顶到桌子腿上，卡住了，幸好没有碰到脚受伤。还有一次会议，看到一位乘轮椅的领导入席后，总是想挪动位置，因为没有人帮忙，会议马上开始只能作罢，会议期间一直不太自在，因为离我较近，悄悄提出跟我换座位，原来会议桌腿夹在他的两腿中间，非常别扭，我赶紧做出调换。这个小小的细节，常常在服务残疾人的时候容易忽略，如果加以注意，会非常得体。

推轮椅进入会议桌、餐桌坐席，入位前一定要查看一下桌子下面的空间是否足够，是否有障碍物，要避开桌腿处。如果有，尽量加以避开或者移除，便于乘轮椅者入座。

（一）上下汽车留空间

乘坐无障碍专用汽车时，推车人身体要靠紧轮椅向前推动，同时两手稍下压使前小轮先上踏板或升降板，前推行进，人与车同速进入车厢，并转向进入停车的区域，然后协助乘车人将轮椅用车上的安全带固定好，下好手闸。下车前，当车停稳后打开安全带，双手持稳车把，采用倒车的方法，将轮椅平稳推下车。如遇几个轮椅同乘一辆车时，一定要排好次序，当第一辆轮椅安全到位后，第二辆才可开始运行。

（二）倒入正出用电梯

乘坐电梯时要目测好电梯门的宽度长度，利用后退推车方法，倒着进入电梯厢，正着推出；进出要慢，以便让轮椅乘坐者看清自己要到达的楼层，并按下电梯指示钮。当两辆车同乘电梯时，同样注意先后顺序，先下的后上，乘自动电梯时，注意防止电梯门夹车。

如果正推进入电梯厢后坐轮椅人难以按指示钮，到达后由于是后退而出，倒车出来时会不知开门后的外面情况，容易与乘梯人相碰，造成不愉快的结果。

（三）遇到障碍不能冲

一般的道路为无障碍通道，但在室外道路行进中也可能会遇到减速带、小的台阶、电线等一些小的障碍物，应首先提示乘车人，当通过时两臂后压使前支撑小轮略微抬高，然后不加速向前推车，即可较顺利通过，切忌用力前冲推。

（四）上下坡道要稳健

上坡时要保持平稳推车的方法，蹬地的腿要平稳，慢用力，两臂保持屈位，手持车推把，身体微向前倾。切记两臂不得伸直，两腿不要大步前蹬，身体重心不能向前靠在两手上，这样可避免滑倒和蹬空，不要突然加速发力，要始终保持身体与车把手的正常姿态与车同进。

下坡时手臂弯曲，不要再前加力蹬腿，身体略后仰，双手控制车的前冲速度，保持平稳行进。

当遇有较大的坡度时（一般超过 15 度），特别是对残疾较重的朋友，应采用缓慢倒退下坡，一定要控制车速，保证乘车人的安全。

（五）把握分寸，做好服务

我们的助人习惯常常是看到轮椅就主动去推，忽略了先要询问，征得同意之后再帮助，才是合适的方式，如果不问情况，上手就推，也许会适得其反。

第七节　感谢具有凝聚力

2006 年北京奥组委志愿者部组建了一支北京残奥会志愿者培训专家顾问团。大约 30 多人的团队一直合作非常愉快。2009 年，专家团队编写了《2008 残奥会志愿者培训理论与实践研究》一书，其中记录着这样一个细节：“从 2006 年参与奥运志愿者培训工作以来，每次专家相聚之后，大家总会受到奥组委同志的感谢短信，很小的一件事坚持了三年！专家们都非常感慨。”

通过许多这样感谢的“小细节”，体现出大的内涵，凝聚着一个团队共同奋斗至今。这个团队被誉为“2008 残奥会梦之队”，北京奥运会、残奥会结束九年来，这个团结、和睦，具有凝聚力的团队友谊之树常青，二十多位专家至今保持联系，在北京残奥会之后，他们又先后为 2010 年广州亚残运会志愿者培训工作贡献力量，专家们在不同的岗位为残疾人事业做奉献。

感谢彰显着尊重、表达了“团队需要你支持”的信息，每一位收到短信的老师，不仅感受到组织者礼貌和礼仪的素养，还会感到被重视、被需要的价值感。

一句“感谢”表达的含义丰富而深远，不仅仅是感情的表达，更是精神的激励，对促进团队建设甚至家庭的和谐都具有积极作用。

日常生活中，经常需要使用“感谢”的语言，感谢有时是对他人的帮助、支持、馈赠表达感恩的含义，有时也有仅表示礼仪、礼貌、客气的含义。

能够时时感念他人，说明你心态平和，生活充满阳光，也展现与人相处积极向上的状态，与人交往包容、接纳的风度。你会越来越受人欢迎，家庭也会更加和睦，团队成员之间会越来越有凝聚力，人文环境会越来越和谐。“感谢”是具有力量的。

助残提示

1. 与人相处，包括家人也要时时处处发现需要表达感谢之处。尤其是接受了帮助和他人关照时，一定要感谢，别人会感到你尊重他人，善解人意，也使他人助人的心理愿望得以实现，获得满足感。与家人的关系也会更融洽；

2. 表达感谢要真诚。感谢他人时不仅要有感谢形式和语言，也要赋予感情，才会动人；

3. 表达感谢到位、得体。恰到好处又不夸张的感谢，别人会感到你的体察细微，反映出你具备的生活品味和个人修养，这是一种能力的体现；

4. 出人意料的感谢，会使他人倍感温暖。一旦对方对你的感谢有些茫然时，要进一步说明致谢的原委；

5. 感谢要及时。一旦未能及时感谢还要表示歉意。当然，接受感谢也要及时反馈，这也是非常重要的礼仪原则，人们之间良性互动需要双方的努力。

第三篇

残运会上志愿服务的回眸与思考

大型活动是志愿服务的重要舞台，助残志愿服务亦如此。1986年9月，笔者作为中国残疾人体育工作者，第一次随中国残疾人体育代表团参加印度尼西亚梭罗市举办的第四届“远南”运动会，在水一方，异国他乡，第一次亲密接触域外华人青年助残志愿者，壮美传奇，让我永世不忘。1994年北京“远南”运动会，2000年世纪之交上海第五届全国残运会，2008年北京残奥会，2010年初上海“世博会”，2011年浙江第八届全国残运会，等等，成千上万的残运会志愿者用行动诠释“用生命影响生命”，用服务解读“我们同行”温馨与快乐，书写了中国助残志愿服务史上别具特色的篇章。

第六章
与梭罗华人、华侨助残志愿者的美丽邂逅

时间：1986 年
地点：印度尼西亚梭罗市
事件：第四届“远南”残疾人运动会

3 月 5 日来了，我们的节日，与数以亿计的中国人心目中那个温暖的名字“雷锋”连在一起的中国式志愿服务纪念日庄严盛典。

每逢佳节倍思亲。

想起了 31 年前，我第一次走近残运会志愿者，在水一方，异国他乡；与一群黄皮肤、黑头发、黑眼睛、清爽的华侨邻家小妹志愿者在一起的温馨时光。

1986 年 9 月，我转业到中国残联工作不足一个月，即被派往参加在印度尼西亚（以下简称“印尼”）梭罗市举办的第四届“远东及南太平洋地区残疾人运动会”（简称“远南残运会”）中国团工作。8 月 30 日，乘机抵达主办城市——印尼中爪哇省梭罗河

畔的梭罗市，也是华人聚居相对集中的印尼主要城市之一。

当时，印尼还处在始于 1965 年持续三年苏哈托军事政变“九三〇”清共事件阴影之中。期间，数以百万计所谓“左翼分子”（其中也有相当一部分华人华侨）或被杀，或未经审判就被关进牢狱。前印尼共产党总书记艾地，1965 年 11 月 22 日就是在梭罗市东被处决。

之后，印尼反华排华浪潮甚嚣尘上。华人被禁止使用中文，不得取中国名字，不准开办华人学校，不得进入政府部门工作。我们抵达梭罗时，两国尚未恢复中断 20 年的外交关系。肃杀冷峻的气氛几乎无处不在。

中国团被安排入住在梭罗市军营。赤道线“烧烤”般酷热，住宿条件难以想象的艰辛（包括团长在内的 30 几名男性运动员、工作人员统统挤在一个大营房内），当地军方半封闭状态的提防，以及饮用水的奇缺，都是我们始料不及的。

国内出发前，外交部领导曾对我们说：“印尼‘九三〇’事件后，殃及当地华人、华侨，两国又中断外交关系 20 年了，没有我使领馆的关照、指导，这是一次特殊状态下的体育赛会，你们要做好应对突发事件的准备。”

让我们惊喜的是当地华人女校的老师、同学顶着白色恐怖风险，与我们“心有灵犀”的感应和缘分。

当一抹阳光从阴云密布中突出重围，毫不吝啬地洒向我们时，传说中的小仙女翩翩而至啦！梭罗华人女校的老师、同学们与我们在传说中遥不可及的“爪哇国”传奇邂逅，成为我今生遇到的最美风景。

开始两天，同学们在慈眉善目、有儒者风度的女校长带领下，巧妙机智地与兵营警卫逶迤周旋。大兵们看到那些阳光开朗、温文尔雅的中国年轻人，判断她们应该不会是“危险分子”，也就睁一只眼闭一只眼了！同学们很快打开局面，与我们团里的年轻人相识相知。豪爽的北京籍盲姑娘平亚丽、俏生生的上海籍盲姑娘赵继红，与她们年纪相仿，都是十七八岁的花季少女，彼此一见如故，如胶似漆，成了无话不谈的“闺蜜”。小女生们在田径场使劲为师哥、师姐加油，亲眼目睹矫健如燕的两位姐姐，视力不好却横空出世般连夺跳远、跳高、百米的金牌，情不自禁地欢呼雀跃；又听说两位师姐在前年（1984）美国纽约长岛举办的残奥会上为中国夺得第一、二枚奥字号金牌并破了世界纪录，比健全人徐海峰夺得奥运会金牌还早一个半月，顿时尖叫起来，开心极了！

全部比赛行将结束，师哥、师姐们不负众望，囊括金牌 64 枚、银牌 21 枚，以较大优势力克具有天时地利的东道主，第一次确立了在“亚洲及南太平洋”地区领先的优势。连兵营警卫也对中国运动员竖起大拇指“点赞”！当地华人华侨偷着乐，纷纷委托女孩子们送来一扎扎清爽的矿泉水、香气扑鼻的地道榴莲，还有自家做的南国可口小菜、点心。

有点儿想家的运动员们连呼“过瘾”，眼睛却湿润了：“我们要回家了，而她们与家人还要在这里生存，未来会怎样啊？”这些柔弱的小妹妹们，从来没有向我们讲述她们与家人曾经的苦难与煎熬，可对祖国母亲的兴旺发达却那么一往情深；冒着风险，心无旁骛地为母亲怀抱里的残疾兄弟姐妹做志愿服务，让人百感交集。

告别时，我们向校长和同学们表达崇高的敬意和由衷的感谢。赠送了印有天安门和五星红旗图案的纪念章。两位女学生代表大家精心汇集了我们在一起照相的相册，送给我留做纪念。

轻轻打开扉页，工工整整地用简体秀丽汉字留言：

“赵济华同志存念：您的笑脸，像冬天的阳光，滋润着人们的心房。您的话语，像春天的鸟鸣，使人心情舒畅。愿您的尽心努力，让更多的伤残人士，再把新的人生开创。印尼女华侨　侯宜玫　张丽琬　公元一九八六年九月六日。”旁边是英文签名。

海外赤子率直贴心的嘱咐，是鞭策、期待和信任，更是心灵的碰撞，生命的互动。我会保存好这个相册，我会想念你们的。只要一息尚存，就要“尽心努力，让更多的伤残人士，再把新的人生开创”。

这是我最早接触的阳光助残志愿者，在水一方，南中国海。

遥远的中爪哇，盈盈的青春倩影，传奇的美丽邂逅，30 年后仍让我怦然心动。

第七章

残运会决胜岂止在赛场

时间：1992 年

地点：广州

事件：第三届全国残运会

1992 年春天，我参与了在广州举办的第三届全国残运会的筹办工作。这也是在职期间我第一次走进全国残运会，第一次切身感受到残疾人运动会在人们心中引起的强烈共鸣和产生的巨大震撼；第一次意识到残疾人体育运动会的亮点，绝不仅仅是在赛场上取得的骄人成绩和耀眼名次，而是赛场内外洋溢在人们心底的那种博大的爱、炽热的情、对生命的尊重和对美好人性的讴歌；是健全人与残疾人携手同行的庄严与神圣。

一

1992 年，阳春三月的广州，最流行的话语是：“爱心满花城。”

最温馨的叮咛是："快去看残运会。"欢声笑语最多的地方是天河体育场和天河体育馆，最引人注目的是专为运动员开辟的十几公里的绿色通道，以及通道两边悬挂的印有残运会吉祥物——可爱的"红棉姑娘艳艳"卡通形象的数万面彩旗。

在广州举行的第三届全国残运会，是根据1991年5月15日起开始施行的《中华人民共和国残疾人保障法》第三十八条第三款、首次经国务院批准举办的全国残疾人体育盛会。

广州市市委、市府领导敏锐地抓住以筹办残运会为动力，促进全市精神文明建设的难得机遇，主动请缨，广东省领导全力支持。从广州市人民政府于1991年上半年开始酝酿申办到主办单位批准，前后不足一年时间，是迄今为止，筹备时间最短的一届残运会，而参赛省市、设置项目和运动员人数都较前两届有了大幅度增加。

1992年春节刚过不久，我即赴穗参与有关协调工作，亲眼目睹了时任市府领导深入基层，体察民情，关心残疾人疾苦，为残疾人排忧解难的公仆风采。他们针对残运会特点，结合广州实际，开创"政府搭台，民间唱戏，抓住机遇，发挥优势，政策用足，市场调节，突出重点，高效务实"的筹办模式。这迄今对于我们兴办各种大型残疾人活动，仍然具有重要的参考价值。

仅仅半年多的时间，内地各界和港、澳、台同胞纷纷献出爱心，捐资近2000万元人民币，其中，捐资万元以上的就有75个单位和个人。包括开闭幕式及所设6个比赛项目，乃至运动会"十佳运动员"的评选，全部由企业集资冠名，使残运会的经费问题不仅妥善得到解决，而且节余的资金在运动会后被用来兴建了广州市残疾人康复中心。

运动会开幕之前，组委会重点研究部署了三件大事：加强舆论宣传，扩大残运会影响；组织好广大市民，特别是青少年学生观看比赛，为运动员鼓劲加油；建立一支以在校大学生为主体的义工队伍，做好接待工作，为运动员解除后顾之忧。三件大事，件件成为残运会取得圆满成功的点睛之笔，令我们这些从京城来的所谓“钦差大员”（当地朋友们戏语），无不钦佩、折服。

为确保落实上述三件大事，时任书记、市长亲自向各大单位领导，工、青、妇组织负责人和各区、县一把手作动员，要求全市人民站在展示广州改革开放及社会文明进步形象的高度，以“爱心满花城”的情怀，群策群力，共同办好残运会。

市领导还特别就确保观众到位的措施，做了详尽部署。确定实行各大单位，各区、县分片包干责任制；市总工会、团委、妇联、教委，把组织干部、职工，大中小学生及广大市民观看残疾人比赛，作为推动全市精神文明建设的一项重要举措。督导检查，逐项落实；市公安交通部门确保绿色通道畅通，运送观众车辆准时到达比赛场馆。身为省会市的主要领导，能把筹办过程中这样一个具体操作环节，作为一项系统工程，考虑得如此严谨周密，让我和我的同事们不由得肃然起敬。

会议结束时，市领导动情地对大家说，有那么多残疾人运动员，从四面八方第一次来到广州参加比赛，不容易啊！他们都是我们请来的最尊贵的客人，一定要接待好。观看比赛，坐要有坐相，不能东拉西扯，聊天打扑克，就是被蚊子叮了，也不准乱动，这是对残疾人的尊重！与会同志都乐了，说：“领导放心吧！”

二

1992年3月18日晚8时，第三届全国残疾人运动会在广州天河体育馆隆重拉开帷幕。

3月19日上午9时整，各项比赛准时开始，天河体育场、天河体育馆，几乎座无虚席。毋庸讳言，其中有组织的观众占了绝大多数。而头一次观看残疾人体育比赛，则是他们的共同点，先是好奇，随后是惊讶和兴奋；接下来，就完全沉浸在激情的海洋中。掌声、欢呼声、口哨声此起彼伏，震耳欲聋。不少观众掏出手帕，不断揩拭情不自禁流出的激动泪水。

此时，天河体育场的播音喇叭传出了裁判长的呼唤："现在，场内正在进行盲人百米竞赛，请观众朋友们保持安静，先不要鼓掌，以免影响比赛进行，谢谢大家的配合！"原来，盲人运动员百米跑，全凭站在前方的教练击掌或哨声辨别方向。知道了个中缘由，全场观众顿时安静下来。人们屏住气息，直至最后一名运动员冲刺到终点，掌声和欢呼声才响彻全场。

这一动一静，让我心潮起伏，不能自已。都说广东老乡性格含蓄冷静，不善情感外露。而此时此刻面对如痴如醉、忘情欢呼的数万名观众，我真想大声对他们说："好可爱哦，热情文明的广州人！"

当晚，《羊城晚报》的一位记者在评述残运会首日比赛实况的报道中，感慨地写道："观众是可以组织的，但观众的情感却是无法组织的。"

从比赛第二天开始，不约而同自发赶来的观众逐渐成为主流。不但大人来，而且领着孩子来，"看残运会去，看看人家的精神"

一时间成为羊城人的热门话题。截至3月23日闭幕式前，累计观众人次已接近80万，创造迄今为止历届残运会观众纪录之最。

此外，还有很多值得回味的温馨话题。千余名青年义工（志愿者），场内场外热情周到的服务，让各代表团倍感温暖，惊喜之余，又感到十分新鲜并深受启发。20世纪90年代初，北方地区对“义工”的概念还很陌生，而广东省及广州市残联早已从港澳地区学习并引进了“义工”的成功经验和做法，用以发掘社会资源，推动残疾人工作。本次残运会青年义工的组织协调，就是由广州市残联会同团市委共同完成的。他们卓有成效的工作，得到兄弟省市的交口称赞并纷纷向他们取经。

讲到温馨话题，就不能不提及赫赫有名的广州华泰宾馆。说它赫赫有名，是因为来自全国各省市的千余名残疾人运动员统统住在这里；说它赫赫有名，是因为这所位于广州闹市区的大型宾馆，以体贴入微的人性化管理，充满爱心的微笑服务，善解人意的和颜细语，情意浓浓的生活氛围，赢得了运动员们的心。直到现在，参加过广州残运会的“元老级”运动员们，仍然不会忘记曾经是他们共有之家的华泰宾馆。

各代表团选手刚下大巴，身着漂亮旗袍，佩戴“爱心满花城”绶带的靓丽女孩们，马上走上前去，送上一束美丽的鲜花；两旁威风凛凛的南国舞狮，让初踏羊城热土的运动员们心中为之一振。新建的带有扶手的平缓无障碍坡道，使乘坐轮椅的残疾人朋友一路畅通地驶向大堂。

比赛归来，无论何时，都有热气腾腾、爽口的粤菜。得了金牌，消息立马传回宾馆，运动员一进大堂，就有鲜花送来。没拿奖牌的，自然心情郁闷。宾馆老总闻讯，当晚特地备上一桌佳肴，亲自为他们鼓劲加油。紧张的赛事安排，几乎使运动员们忘记了赛场之外的一切。晚餐时，当服务员小姐把生日蛋糕送到眼前，四周响起掌声和欢呼声时，才恍然大悟：今天是我的生日。运动员“寿星”笑得好开心啊！

哦，这样的惊喜几乎天天都有……

三

由广州市承办的第三届全国残运会，不仅在中国残疾人事业和残疾人体育工作史册上，书写了浓墨重彩的一笔，而且有力地推动了广州市改革开放进程和社会的文明进步。残运会促使广州市民走近残疾人、认知残疾人，由初始的被动演变为倾情的互动。正如组委会领导在闭幕词中所说：“几天来，各个赛场观众爆满，情绪激昂，气氛热烈。观众与运动员之间，产生强烈的共鸣：观众的热烈情绪，激发了运动员的斗志，运动员的拼搏精神，震撼着观众的心灵。”

以此为契机，广州市的残疾人事业得到了跨越式的发展。运动会闭幕不到半年时间，中国残联的负责同志与广东省领导一起，出席了广州市残疾人康复中心奠基仪式。参加奠基仪式的市残联同志及残疾人运动员朋友，都开心地笑了。因为不久的将来，他们会有一个具备全套无障碍设施、宽敞明亮的新家了。

时隔 10 年，2002 年春天，我随同中残联领导又应邀参加广州市残疾人体育训练中心开工仪式。经市政府批准，占地面积近 80 亩，包括多功能馆、游泳馆、射击馆，可容纳百余名运动员食宿、工作人员办公综合楼和室外田径场在内的现代化残疾人体育训练中心，将于 2004 年落成并投入使用。

“广州的残疾人工作，变化真是太大了。10 年前第三届全国残运会在广州举行时，残联刚刚组建不久，在社会上还鲜为人知，我们也没有完全意识到残运会对广州市残疾人事业和体育工作会产生如此巨大而深远的影响，但介入的力度还很不够。假如时光能够倒流，我们一定会做得更好。残运会给我们最深刻的启发是：对于残疾人事业来说，没有什么比抓住机遇、赢得民心、以求发展更为重要的了。这 10 年，广州的残疾人事业和体育工作，赶上了前所未有的好机会，每年都有新变化，欢迎你们两年后再来，到那时变化一定会更大。”残联理事长宋卓平如是说。

理事长的一席话，让我思绪万千，百感交集。记得 10 年前的第三届全国残运会上，广东省和广州市分别组团参赛，终因实力稍逊，未能进入前八名，作为东道主，不能不说是一个遗憾。然而，残运会筹办工作取得的丰硕成果及其深远影响，广州市残疾人事业和残疾人体育工作 10 年发生的巨变，却是有目共睹的不争事实。

残运会决胜岂止在赛场？

第八章
“我们同行”深入人心

时间：1994 年

地点：北京

事件：第六届“远南”残疾人运动会

很多朋友可能都不会忘记，中国残疾人事业史上曾经发生过的一个大事件，那就是 1994 年在北京举行的第六届远东及南太平洋地区残疾人运动会。这也是我国首次承办的大型国际区域性残疾人体育赛事，同时，也开创具有里程碑意义的中国残疾人体育赛事志愿服务模式。

1994 年 9 月 4 日晚 8 时许，当由 422 名残疾人运动员、教练员、工作人员组成的中国代表团，在戴着红色头盔、身穿紧身运动衣、手摇插着五星红旗的竞速轮椅仪仗方队引导下，威武雄壮地进入工人体育场时，数以千万计的中国百姓，兴奋地从现场或电视屏幕上第一次惊讶地目睹了中国残疾人的群体形象，心中不由得为之一震："原来残疾人还可以从事体育运动啊！"

当时，国内有数百名记者去远南运动会，采写了不少报道，运动会之后还汇编了一本书，书名就叫《远南冲击波》。记得运动会期间，在一次新闻媒体座谈会上，一位《中国妇女报》的女记者含着泪花，动情地谈了她的感受：

> 开始接受采访"远南"运动会任务的时候，一点儿都不理解。觉得体育是健全人的事情，残疾人还搞什么体育啊？那不是折磨人吗？可是当我走进游泳馆，看到一个肢残女孩子，面对两边看台上的数千名观众，毅然决然把披在身上的浴巾拿掉，身着泳装，拖着残缺的身躯，艰难地站在跳水台的一刹那，我的心战栗了。

她说："我们女孩子最引以自豪的是自己身材的美。过去我眼睛长了针眼，上班看到同事都不好意思；冬天脖子后长了疖子，要穿着高领毛衣上班。而眼前这个女孩子，不顾自己身体的残缺，奋力登上跳水台时，我觉得，她克服的不仅仅是生理上的障碍，而且是我们健全人难以逾越的心理上的障碍。当发令枪响，她跳下泳池，奋力地向终点冲刺的那一瞬间，我的身心都被震撼了。这一瞬间，谁是第一名已经并不重要了。我觉得这才是真正超越生命，超越自我，我终于明白了残疾人为什么要从事体育。我深深地被残疾人运动员大无畏的精神折服了，因为通过体育他们向世人证明了：我和你一样都是蓝天下大写的人。"

这位记者朋友刻骨铭心的感受，同样给予了我巨大的冲击，也使我进一步加深了要想真正理解和感受残疾人体育运动的真谛，就必须走近残疾人，拉近与他们之间距离的信念。

1994 年 9 月，北京第六届“远南”残疾人运动会，既是我国首次承办的国际残疾人体育赛事，也是被远南执委会及各参赛国家和地区誉为最出色的一届“远南”残疾人运动会。北京市政府将远南残运会高瞻远瞩，全面部署，相关部门协同合作，精心组织实施；首都人民更是同声相应，全力以赴，细致入微地为远南残运会创造了一个热烈、友爱、文明的生活环境。把特别的爱献给特殊困难的残疾人。志愿者倾情投入，充满爱心、体贴入微的服务，得到了与会 42 个国家和地区的 2000 余名残疾人运动员、教练员和工作人员的交口称赞，他们说：“北京人真好！中国真好！”

这一届残疾人运动会期间，志愿者的助残志愿服务主要有三个特点。

一是造势力度大，起点高，舆论先行。

1994 年 4 月，中宣部、国家教委、国家体委、工青妇、总政治部、中国残联等 11 个部委、团体共同签发文件确定：1994 年 5 月 15 日第四次法定“全国助残日”的主题是“我们同行——为‘远南’运动会献爱心”，同时下发了“远南”运动会宣传提纲和运动会口号。中宣部为此召开了专题通气会，对“远南”宣传工作做了周密部署。

以此为契机，“远南”先期媒体宣传可谓声势浩大，基本上做到家喻户晓，妇孺皆知。数以千计的新闻工作者是本届残运会最活跃的一支队伍。他们赛前深入集训基地，与运动员促膝交谈；

赛中奔波往来于各个赛场，常常吃不到饭，喝不到水；用自己的心体验运动员的顽强与艰辛，采访中常常泪流满面……他们用极富创造性的工作架起理解友爱的桥梁，营造出团结友爱的“远南”氛围。而他们宣传的自强不息、顽强拼搏的“远南”精神，被誉为“远南冲击波”，经久不衰。

中国残联会同组委会，组织了“远南”报告演出团为京城10万余名观众报告演出近百场，通过电视转播，全国数以千万计的观众得以了解“远南”运动会概况并深受感动。据《北京青年报》的一项调查，北京85.5%的公众对“远南”运动会表示了关心。

二是发动面广，志愿者行动深入人心，形成规模效应。

经过对国内外残疾人体育赛事的调研与论证，组委会预计在京招募3万青年志愿者。消息传出，顿时在社会上引起强烈反响。在短短的时间内，3万名青年站到了志愿者队伍的大旗下。有工人、农民、军人、公务员、公安干警、医务工作者，还有虎虎生威的600多名首都高校学子和数以万计的中学生，其中包括千余名精通服务行业的中专、职校的年轻人。由北京市个体团工委招募的200名个体户志愿者个个身手不凡，也很有特色。

值得一提的是，有许多“计划外”的志愿者投身于“远南”的爱心行动中。据组委会不完全统计，“远南”运动会期间，北京市有近40万人次参加了志愿者行动。

三是作为系统工程来抓，组织周密，人性化服务彰显中国特色。

运动会期间，首都机场、火车站、地铁站等相关部门都为残疾人运动员开辟了“一条龙”无障碍绿色通道；“快捷、方便、舒适”，成为各国（地区）代表团众口一词的溢美之词。

无论是接送站，还是在选手村、竞赛场馆；无论是协助分级、点录，还是赛后购物、旅游，随时随地都能得到体贴周到的志愿者服务。可以说，有残疾人运动员的地方就有志愿者，志愿者的服务覆盖了运动会的各个环节和角落。

在“远南”运动员村，2800 多名志愿者日夜服务。宽敞明亮的大厅被志愿者擦得一尘不染。对生活难以自理的运动员都有专人负责为他们洗澡、洗衣服、喂饭……志愿者真诚而到位的人性化服务赢得了各国运动员的心。

在长城脚下，在赛场上，在燕莎商场，在十里长安街上……人们都能看到穿着和佩有志愿者标志的年轻人。长城每天都有 100 名武警战士在那里为残疾人服务，将坐轮椅的运动员抬上长城；赛场上，有 16000 名志愿者组成的 57 支啦啦队为各国运动员加油助威；十里长安街上的各主要交通岗，每天下午 5 点至 6 点 30 分，都有稚气未脱的中学生维护着交通秩序……

“远南”是一个难得的历史契机。在此之前，还没有哪一个运动会开得像“远南”那样如此富有感情色彩，它仿佛是一次爱心检阅，让北京人经历了一次爱的洗礼。理解、尊重、关心、帮助残疾人逐渐成为北京市民的行为规范；无障碍的理念已不再是书本上的条条，盲道、坡道、盲人有声过街信号，等等，如雨后春笋般兴建、改建；更多的健全人与残疾人真切地体会到“我们同行”的深邃内涵，北京市发生了令人瞩目的变化。

第九章

挚爱满申城

时间：2000 年

地点：上海

事件：上海第五届全国残运会

2000 年 6 月 6 日，中共上海市委、市人民政府隆重召开上海市承办第五届全国残运会总结及表彰大会。受主办单位委托，我荣幸应邀参加，并宣读中国残联、国家体育总局《致上海市人民政府和全市人民的感谢信》。感谢信对一个月前在上海举办的第五届全国残运会极为出色的组织工作和志愿者服务，给予了高度评价。认为在世纪之交举办的这届残疾人体育盛会洋溢着团结、友爱、乐观、进取的人道主义和爱国主义激情，运动会气势恢宏，异彩纷呈，隆重热烈，取得了圆满成功。

感谢信特别提到，身穿绿马甲的万余名志愿者，用他们的爱心为本届残运会谱写出最动人的乐章。哪里有运动员，哪里就有他们热情的服务；哪里有赛事，哪里就有他们不知疲倦的身影。正是这些志愿者，使残疾人运动员如沐春风，心中暖意融融。运动员们深知，他们取得的每一项成绩，都蕴含着志愿者的期待与祝福。志愿者是不拿奖章的英雄。

作为中国残联派出的工作人员，我有幸担任第五届全国残运会组委会常务副秘书长，参与了全国残运会的组织筹备工作，在志愿者的组织与实践中，感受最深的体会有这样几点：

第一，上海市领导把圆满承办第五届全国残运会，看作是“上海人民回报全国人民的一次极好的机会”“上海人民生活中的一件大事”“最具体的人道主义关怀，是向世人昭示中国残疾人人权保障的生动实践”。

这是上海市委、市政府做出的庄严承诺。从策划、筹备到正式开幕，从大型活动到交通保障，从社会集资到运动比赛，从志愿者招募到接待服务，上海 1300 多万人民倾注了极大热情。市领导高度重视并身体力行。记得运动会时值“五一”长假，但市委常委全部坚守岗位，而且要求每位领导都要参加残运会期间组织的 1—2 项活动，走近残疾人，感受残运会。市委副书记兼任上海市志愿者协会主席，亲自策划和组织实施第五届残运会志愿者行动。

“人人争做残运会志愿者”，成为上海人民的共同心声。可以这样说，这是全市上下团结一致办好第五届全国残运会的重要动力之一，也是残运会精彩、圆满、成功的原因所在。值得高兴的是，残运会刚刚落下帷幕，上海人民就投入了全市性的助残周活动，深入开展全市 7259 户帮老助残志愿者行动，通过各种形式为残疾人群体献爱心、送温暖。上海市的残疾人工作以此为契机，迈上了一个新台阶。

第二，“服务人民，奉献社会”的残运会志愿者精神，充分展示了上海的城市文明程度和市民群众的思想境界及良好素质。

20世纪90年代以来，上海市委、市政府在全面推进经济建设和改革开放的同时，大力加强精神文明建设。101万志愿者队伍已成了上海精神文明建设的一道亮丽的风景线。他们以自己的智慧、能力和劳动，为社会、为需要帮助的人们送去党和政府的关怀，送去志愿者体贴入微的呵护。在这次残运会上，广大志愿者和全市人民一道，以满腔热情，诚挚爱心，周到服务，为上海的精神文明建设又添上了浓墨重彩的一笔。

3万多名市民群众和各界人士踊跃报名争当志愿者，年纪最大的87岁，最小的才11岁。10069名身着绿马甲的志愿者活跃在宾馆服务、赛场服务，车站、机场迎送服务及其他相关的服务岗位上，使各代表团一到上海就有宾至如归的感觉。

承担代表团住宿的11个区的16家宾馆，从总经理到每一个服务人员都以志愿者的身份投入接待工作。对接待服务的各个环节，都做了细致周到的安排。同时，针对不同类别残疾人的服务特点，多次进行严谨的职业技能培训及模拟演练。

位于虹口区的丝绸之路大酒店承担了盲人门球运动员的接待任务。为了细致周到地做好对盲人服务，总经理率领全体工作人员，用手帕蒙住自己的眼睛，体验盲人的感觉和困难，还专门请来区盲人协会的同志，为全体服务人员讲课，征求他们的建议。将房间内的所有玻璃制品都换上轻巧卫生的一次性纸杯，室内布置简洁适用；在电话机键盘上贴上凸起的标志，以便盲人拨打电话；为了利于同一房间的两位运动员洗漱，在毛巾上刺绣了不同的标记，以示区别。餐厅饮食按盲人用餐习惯，食谱分素菜、清真、荤菜、鱼肉及海鲜（剔除刺）等 ABCD 四大类，便于盲人朋友自点。宾馆正式启用前，还特地邀请虹口区盲人协会负责人入住体察，提出改进意见……

这样体贴入微的志愿者人性化、个性化服务，在第五届全国残运会住地几乎比比皆是，使所有入住运动员和工作人员感受到亲人般的关爱和回到家的温暖。在沪期间，未发生一起食物中毒事件，未发生一起治安事件，未发生一起伤害事件。据统计，16 家接待宾馆共收到各代表团、运动队、运动员表扬信近百封。

第三，51 万中小学生和市民群众前往上海体育场等 11 个场馆观看比赛，为运动员鼓劲加油，人数之众多，热情之高涨，盛况之空前，为近年来大型体育活动所罕见，与"绿马甲"志愿者一起，成为第五届全国残运会又一道亮丽的风景线。

上海市委、市政府十分重视广大青少年学生、志愿者与残疾人运动员互动，并把它作为弘扬人道主义、振奋自强精神，进行素质教育的一项重要举措。市教委、文明办、团市委联合行文，要求全市中小学校在残运会期间，从语文课、体育课、思想品德课中各抽出一个学时，用于组织在校学生观看残运会比赛，之后写一篇题为《我看残运会》的作文，经过评选，择优刊载在上海《解放日报》《文汇报》《新民晚报》上。这一举措激励了上海青少年学生观看残运会的热情，共有 51 万名中小学生和 10 多万市民观众观看了 11 个赛场的比赛，其中上海体育场每场比赛观众都超过 4 万人。他们组成啦啦队，打出横幅，高举彩旗，击鼓鸣号，热情地为运动员加油鼓劲。令人印象最深的是上海几家电视台、电台的 16 位著名主持人，以志愿者的身份轮流在上海体育场担任啦啦队的“指挥”，他们适时的鼓劲，幽默的话语，生动的手势，使比赛现场既热烈又有秩序，全场观众与场内运动员始终沉浸在激情的互动中。

残运会期间，组委会还召开了上海青年学习全国自强模范先进事迹座谈会，同济大学等高校举办了青年大学生和残疾人运动员欢聚联谊活动，一些“窗口”单位邀请残疾人运动员去做客，各竞委会也举行了多种形式的座谈会、联欢会。这些直观感人的交流，使广大青少年学生及残运会志愿者在为运动员服务及与运动员的互动中，心灵得到了净化，情感得到了升华，进一步认识到人生的意义、价值，提高了扶弱助残的责任心和荣誉感。全市人民也普遍受到了一次深刻而生动的奉献爱心总动员的教育。

上海市领导在表彰总结会上动情地指出：“这是残运会留给我们最宝贵的精神财富，从这个意义上来说，上海全市人民是残运会的最大受益者，是对上海精神文明建设的一次大促进、大推动。”

第四，本届残运会舆论宣传高潮迭起，在组织残运会志愿者行动及动员全市人民关心和参与残运会中起到了积极有效的导向作用，是一次社会影响深远的残运会。

本届残运会按照大型运动会的规律，在筹备之初，就做了一系列的舆论先行的准备工作。先是通过残运会会徽、吉祥物的征集与发布，借助媒体广泛造势，使残运会的社会影响开始起步；

随后又举行了有一定规模的宣传画和会歌的征集活动，印发了《残运会宣传提纲》《宣传画册》，配合两次志愿者招募，使宣传舆论逐步升温。随着残运会进入倒计时，残运会每一项重大举措，新闻媒体始终紧密配合，及时报道。《解放日报》、《文汇报》、《新民晚报》、上视、东视、上广、东广等主流媒体或开辟残运会专刊，或请市领导发表电视动员讲话，或制作专题公益广告，乃至拿出整版版面展示残运会风采，残运会宣传报道高潮迭起，呈现家家户户关注残运会的良好社会氛围。

各代表团一到上海，就沉浸在“挚爱满申城”的热烈气氛中，他们一致称赞：上海不仅城市美，上海市民及“绿马甲”志愿者的心灵更美。而残运会的新闻宣传报道，为这种动人的美丽锦上添花，让人感到一种发自内心的温馨和无与伦比的快乐冲动……

世纪之交的上海第五届全国残运会“助残志愿服务”已经超越了一般保障大型体育赛事圆满实施的意义。通过志愿者与广大市民、观众和运动员之间水乳交融的联系，体现了现代化大都市的人文情怀。这既是第五届全国残运会取得圆满成功的动力，也是志愿者和社会动员工作成功与否的衡量标志，是一道彰显城市文明的亮丽风景线。上海第五届全国残运会全方位、多角度的助残志愿服务探索与实践，为之后举办的 2007 年云南第七届全国残运会和 2008 年北京残奥会提供了大型残疾人体育赛事志愿服务经典模式和有益借鉴，同时也为新世纪上海市常态化志愿服务书写了辉煌开篇。

第十章
用生命影响生命

时间：2007 年
地点：云南
事件：第七届全国残运会

2007 年 5 月 12 日—20 日，在云南举办的第七届全国残运会被媒体称为“2008 北京残奥会的优美前奏和庄重预演”。本届残运会是一届感人的盛会，一届处处充满真情的盛会，一届让普通百姓走近残疾人，感受志愿者，“用生命影响生命”的心灵聚会。

期间，我应邀担任第七届全国残运会云南省工作领导小组顾问。作为一名残运会志愿者组织培训及观众动员工作的参与者，近两个月的紧张工作，使我有幸亲眼目睹了云南和北京的青年志愿者们在残运会上的出色表现。我看见了残疾运动员们与志愿者们真诚互动的会心笑脸，听到了看台上传来的啦啦队此起彼伏的鼓劲助威声和数以万计观众的热烈掌声。“现场观众气氛最好、志愿者服务最好、最有动情特色的一次残运会”——这是参加第七届残运会各代表团成员和曾经多次采访残运会“老记”们众口一致的评价，被称为“第七届残运会志愿者与观众现象”。

第七届全国残运会由云南承办，这是自1984年第一届全国残运会举办以来，残运会的圣火首次在西部地区熊熊燃烧，同时还担当着为2008年北京残奥会演练、选材和积累经验的特殊重任。“几乎所有参与残运会的人都曾享受其中的快乐。当啦啦队队员，你享受激情；你服务，享受奉献的满足；接触运动员，你享受友谊与快乐；看比赛，你享受残疾人体育的特殊美感。”国家体委、中国残联及北京奥组委领导同志都对云南承办的第七届全国残运会给予了热情洋溢的评价。

国际坐式排球联合会主席皮雷说：“真是太棒了！这么多参赛队，这么多场地，这么多观众，这么正规的裁判员，这么热情的志愿者……”

是啊，残运会志愿者服务中有那么多感人的细节，迄今仍然让我难以忘怀。

在盲人足球赛场服务的云南师大志愿者中，有一个由6名学生组成的服务小组。他们的任务就是负责维护专供盲人运动员使用的移动厕所。他们与赛场虽然近在咫尺，却不能“越位”观看，运动会期间始终坚守岗位。清晨上岗，日落而归，恪尽职守，毫无怨言，把几个临时移动厕所维护得干干净净而且毫无异味。他们悉心呵护、搀扶一个个盲人运动员如厕，从不嫌麻烦。就这样一直坚持到全部比赛结束。要不是一次纯属偶然的机会，我在现场遇到了这些可敬的高校学子，恐怕没有多少人会知道这些默默无闻的年轻人曾经为残运会做了些什么。但我相信我们的盲人运动员们会记住他们透着兄弟之情的关爱之声："来，扶着我的肩膀，再上一个台阶，小心点儿……"

来自首都师范大学的北京志愿者赵铮同学在日记中写道："最让我感动的是'志愿者的志愿者'。他们负责整个田径赛场一千名左右志愿者的吃饭、饮水和早晚到场状况，完全接触不到运动员，接触不到绚丽的气氛和现场热烈的感觉。但他们没有丝毫怨言，说只要是志愿服务，全都愿意去做。能参与到残运会的志愿服务中已经是很幸福了。"

志愿者工作部负责同志告诉我，云南大学选派了1000名志愿者，是派出志愿者人数最多的高校，这些志愿者承担的是最大的服务项目——田径赛场及其运动员的服务，但即使这样仍然无法满足众多学子报名参与残运会志愿者服务的夙愿。同学们经过考察，提出成立一个赛场保洁志愿者队的建议。不足百人的志愿者保洁队，报名者就有数百名之多，最后不得不靠抓阄儿来确定。每天赛事结束后，在偌大的星耀体育场，你都会看到这支独特的云南大学赛场保洁志愿服务队忙碌的身影。他们几乎没有见过心仪已久的各省市残疾人运动员，也很少有机会观看残运会的动情场面。

志愿者成为本届残运会最动情的名字。

在第七届全国残运会赛场上，有近40万昆明和玉溪的市民观看了残疾人运动员的精彩比赛，其中自发来观赛的观众达到 26 万之众。有超过一半的市区中小学生有组织地观看了比赛。他们组成啦啦队，打出横幅、高举彩旗、击鼓鸣号，热情地为运动员加油鼓劲，全场观众与场内运动员始终沉浸在激情的互动中。记者采访了一位名叫张周的高中生，他去看了盲人足球的一场比赛，他说："原本以为很无聊的比赛，看到最后，我嗓子都喊哑了……他们在比赛里跌倒了又爬起来，让你会忍不住为他们加油。"这让他开始关注身边的残疾人。从前认为"很傻、很土"的扶盲人过街这样的行为，现在他开始有意识地去做了。"我希望残疾人朋友能感到春城温暖的不只是气候，还有这座城市里的人。"

从残运会归来，我常常会情不自禁地思索这样一个问题：所谓云南"第七届残运会志愿者现象"的内涵究竟是什么？那么多来自云南和北京高校的青年学子志愿者，那么多可亲可敬的"爱心的士"志愿者，还有克服重重困难、不计报酬的盲人按摩师志愿者，以及五万多名岗位志愿者和社会志愿者，都是那么踊跃地、全身心地投入，全然没有给我们既往司空见惯的"作秀"感觉。特别是"80 后"大学生志愿者们，带给人们的是一种那么清新、那么庄重、那么真挚的高尚感觉，一扫当今社会一些角落和部分校园曾经存在的浮躁、浅薄和低俗。这不能不引起我们的深思，给予我们启发。残运会的决胜仅仅体现在赛场上的金牌榜吗？

"第七届残运会志愿者现象"和观众的空前踊跃、倾情投入，确实值得我们去思索，去研究，去琢磨。我相信残运会的现象和影响，实在应该在运动会之外去探讨。第七届残运会社会动员及志愿者部工作的生动实践为我们提供了换位思考的有益模式。从中我深深感受到他们对残疾人兄弟姐妹的挚爱情怀和锐意创新的鲜活实践；感受到这些勤于思考、积极进取的年轻人，对第七届残运会影响深远的城市人文情怀效应全方位、多角度的探索；感受到他们为 2008 年北京残奥会这个大局付出的心血和沉甸甸的责任感与使命感。

在运动会期间，我亲眼目睹了在机场、火车站，在运动场、体育馆，在运动员住地、宾馆，那些沉着干练、指挥若定、嗓音嘶哑、身体力行的志愿者领头人——朝气蓬勃的云南高校团委书记和带队老师们。是他们以创造性地发挥和脚踏实地的业绩，在第七届残运会的史册上刻下了他们无处不在的深深足迹，让志愿者这面旗帜永不褪色，飘荡在彩云之南。

领导的高度重视和关怀，各涉及单位积极协作、大力支持，使广大志愿者深受激励和鼓舞，促使残运会志愿服务和观众组织动员成为本届残运会的四大亮点之一。

第七届全国残运会虽然已经落幕了，但数万名快乐的残运会志愿者、40 万摇旗呐喊、欢呼助威的热情观众和广大残疾人运动员共同展示出来的真情关爱、和谐友善、携手同行的时代风采将被历史铭记。

快乐志愿者，情动残运会：
2008 北京残奥会志愿服务的优美预演
【侧记：北京志愿者在云南】

2007 年 6 月，刚从昆明返京，就收到北京志愿者协会负责同志送来的《北京志愿者赴第七届全国残运会服务团考察总结》稿（以下简称《总结》稿），并嘱："您在云南做残运会志愿者培训快两个月了，对咱们北京志愿者也很熟悉，请您一定要写几句话，给这些年轻人提点希望好吗？"我略微迟疑了一下，但最终还是欣然接受了这个任务。

我之所以有点儿迟疑，是因为知道自己笔拙，很难准确地表述这些为众多媒体及残疾人运动员所称道的来自北京志愿者代表的风采，但作为第七届全国残运会组织培训工作的参与者，我有幸亲眼目睹了云南和北京的青年志愿者们在残运会上共同的出色表现；我看见了残疾运动员们与志愿者们真诚、互动的会心笑脸；我听到了看台上传来的数以万计观众此起彼伏的热烈欢呼声和掌声。这让我感动，让我那么真真实实地明白：爱没有距离。志愿者们以无私的奉献和优质的服务，诠释了"奉献、友爱、互助、进步"的志愿精神，以真诚和微笑践行了"用生命影响生命，做快乐的残运会志愿者"的庄严誓言，成为五月红土高原上一道亮丽的风景线。

记忆的闸门一旦打开，思念的激情就再也抑制不住。我想，应该尽己所能，把自己对这些可爱、可亲、可敬志愿者的真挚感受写出来，把他们青春的靓丽风采，展示给更多期盼成为 2008 年北京残奥会志愿者的年轻朋友。

记得第一次近距离与北京志愿者赴滇残运会服务团的年轻人亲密接触，是 2007 年 5 月 15 日晚在昆明翠怡宾馆举行的八省市盲人运动员、志愿者、宾馆服务人员的联欢会上。

那天傍晚时分，我到电梯口迎接他们。十余位北京志愿者行色匆匆，一脸倦容地从各自服务点赶到宾馆，看得出这些年轻人已经十分疲惫了。虽然宾馆早就为客人准备好了晚饭，可他们谁都顾不上用餐。一出电梯口，就立刻分散在通往餐厅的过道两侧，一脸专注地学习和观察云南师范大学的志愿者同行们，怎样引导盲人运动员出电梯、进餐厅，一路跟随，拍下照片。接下来，再仔细观摩以志愿者身份帮助运动员就餐的餐厅工作人员，怎样和谐自如地“一对一”为盲人运动员服务，熟练地为他们打上各自喜爱的饭菜。一直等到最后一桌运动员用餐完毕，盲人领队兄弟一声“起立”口令，全桌运动员齐刷刷地站起来，相互扶着肩膀，在领队的引导下，井然有序地鱼贯而出之后，他们才离开餐厅。

我惊异地发现，此刻在这些北京年轻志愿者的脸上，再也找不到任何倦容，取而代之的是对同行敬业精神和专业水准服务的由衷钦佩，是他们始终目送着盲人兄弟自主离开餐厅那一瞬间的赞叹……

晚饭之后，北京志愿者们突然神秘消失。我再三打听，才知道他们找了一个隐蔽的角落，正在抓紧时间排练将要在联欢会上表演的节目。晚会前，一张张熟悉的笑脸又出现在我的面前："赵老师，领我们去看看运动员的房间吧！"于是，我们随机选择到黑龙江省盲人足球队队员的住所，逐一与运动员们握手、聊天，顺便了解适合盲人需求的室内各项无障碍设施分布情况，然后和这些创造"盲人足球神话"的小伙子们一路簇拥着，赶到晚会现场。其时，恰恰晚7点50分。从下午6点到8点，短短的两个小时"候场"时间，他们见缝插针，竟做了那么多"正事儿"！

听说，这是他们的一贯风格。从北京出发时，正好在首都机场赶上北京团出发，二话不说，年轻人马上利用候机时间，协助残疾人运动员们搬运行李和比赛器械，并与残疾人运动员交流，志愿者们热情周到的服务，得到了在场运动员及北京团相关工作人员的赞扬。到达云南昆明机场后，他们又不顾长途旅途劳顿，直接在机场参与志愿服务工作并与现场的云南残运会志愿者进行了亲切、有益的交流。

青春的旋律，青春的节奏。还有什么能够难倒这些年轻的、快乐的残运会志愿者？

那天联欢会上，他们献给盲人兄弟和云南同行们的节目是：无伴奏小合唱《让世界充满爱》。尽管他们的嗓子都有些嘶哑，但温馨歌声，袅袅缭绕，使在场的所有盲人兄弟、志愿者同行们，都不由得为之动容。然而等不到晚会结束，他们又得匆匆返回住所了。北京媒体记者正在等待他们传回的残运会志愿者服务感受文章，还要整理一天的心得体会，写志愿者日记……

“多少事，从来急，天地转，光阴迫，一万年太久，只争朝夕！”

我粗略算了一下，这些年轻人在昆明残运会期间每晚的睡眠时间不会多于5个小时。是一种什么样的意志，让他们如此执着？又是什么样的精神，激励着他们勇往直前，奋斗、追求，不达目的，誓不罢休？

带着这样的疑惑，我整整用了三天时间，仔细读完了这本《总结》稿。觉得篇篇都很精彩，尤其是字里行间流淌的真情与快乐，让我非常感动，同时也找到了答案：

“紧张的日程安排，接连的早出晚归，天气的阴冷多变，都让北京赴滇残运会服务团的成员积累了重重劳顿。然而，疲倦的眼神遮挡不住内心的快乐，云南志愿者诚挚的拥抱，残疾人运动员坚强的微笑，社会各界关切的问候，丝丝缕缕交织成我们心里温暖的阳光。参与残运会志愿服务以来的点点滴滴，竟汇集成了我们心里恣肆的感动。但愿通过我们的讲述，通过您的倾听，把打动我们的这些瞬间，把镌刻在生命中的感动，展现给更多人，给前行中的人们以温暖和力量……”

这是来自人民大学的冯少静同学在志愿者日记中的一段话。我想，这也是北京志愿者赴第七届全国残运会服务团的同学的共同心声。这些年轻人不约而同地通过残运会志愿者服务的经历，对幸福感所表达的如此默契、相似的领悟和感受，更让我有一种心心相印、感同身受的特别体验：

陈涛（人民大学）：幸福的感觉是不再陌生。完全陌生的面孔、完全陌生的地方，因为志愿者这个共同的名字，变得不能再熟悉、不能再亲切了。

梁苏会（清华大学）：记住一个名字，收获十分关怀。我在赛场上遇到一位曾经在医学分级处服务过的运动员。因为曾用心记过他们的名字，就情不自禁跟他打招呼并叫出他的名字。他当时很惊讶，但只是冲我腼腆地笑了笑。可是没想到比赛过后，他特地摇着轮椅找到我，问我吃不吃他们买的肯德基。运动员们性格都很开朗，很可爱。只要志愿者对他们付出一点，哪怕是叫出他们的名字，他们就会牢牢记在心里。

沈桂林（北京工商大学）：拼搏与奉献的和谐。一方面是残疾人运动员表现出的乐观向上精神不断感染着志愿者，另一方面是志愿者无私奉献的精神不断感染着运动员。我觉得幸福就是志愿者和运动员的和谐相处、互相激励。

耿耘（北京联合大学）：一句“你们辛苦了”的问候。其实，我们服务残疾人的技能和技巧还是很欠缺的，但他们都说，你们的服务真的很到位，你们辛苦了。我觉得这句“你们辛苦了”特别让人感动，让我们觉得自己是幸福的。

赵荣（北京师范大学）：加油与信任把我们凝聚在一起。我觉得志愿者和运动员的感情就是因为运动员相信志愿者，而志愿者又因为这种被信任而感到满足。我觉得我们做志愿者真的是一件很幸福的事。

白露（北京航空航天大学）：工作中的和谐，就是幸福。在服务的过程中，我发现有一点特别可贵，云南的志愿者是一个非常融洽和谐的集体。我很容易就融入了他们这个集体，跟他们一起工作。我们志愿者是真诚的，是和谐的，我们为残疾人服务的目的和出发点是一致的。

在这里，请允许我再引用昆明理工大学一位女生（她在游泳馆服务）在日记中关于幸福观的一段很质朴的表述："高中时我的一个好朋友说过，幸福就是雨后的一道彩虹，幸福就是早晨醒来的第一缕阳光，幸福就是难得逃课的一个懒洋洋的下午，那么现在我想说，幸福就是游泳时溅起的水花，幸福就是在餐厅吃饭时的说笑嬉闹声，幸福就是在公交专车上运动员伙伴'哄抢'志愿者小红帽的热闹场景。从我渴望当志愿者到现在很好地完成任务，我心里总有一股感恩的暖流。我的朋友总是羡慕地说，志愿者真幸福。我为拥有这样的幸福而感恩，而更加从容地面对未来的生活。残疾并不能摧毁一个人，看到运动员们的灿烂的笑容时，你会发现阴天也是可爱的，你也会发现自己应该感恩，应该感谢世界创造了自己，让自己看到了许多美好的东西。"

经历了残运会服务的志愿者，对幸福的感悟，是不是不谋而合啊？

快乐志愿者，享受残运会。

每每读到这里，心里总有一种难以抑制的冲动。我们都曾年轻过，年轻时那种简单的幸福感觉，有时会让自己觉得挺幼稚，但却是真实地。而此刻，无论是北京还是云南的年轻志愿者同行们，在为残运会服务中体验的幸福感觉，却让我不由得肃然起敬。因为它并不深奥，也不矫情，不仅在曾经历过残运会的朋友们之中会引起共鸣，而且对正在成长的每一位年轻人，甚至中老年人来说（包括我自己），都有似曾相识的一种美好、快乐的感觉。

北京志愿者赴第七届全国残运会之行虽然仅仅一周时间，但他们所承担的使命和取得的成果却不是可以用时间的长短来衡量的。正如赵荣同学在志愿者日记中写道："志愿者这几个字其实不是好写的，它蕴藏着一些知识、技巧，甚至是智慧。中国的志愿者事业水平还很低，我们不能苛求太多，但是必须尽量朝着规范、系统的方向努力。2008 年奥运会、残奥会志愿者的培训工作尤其艰巨，要让我们的志愿者清楚自己该干什么，不该干什么，怎么干，干多少等问题，有些度很难把握，但该做的工作还是一定要做到位，不能有丝毫懈怠。"

也许，这就是北京高校学子赴滇参与残运会志愿服务最主要的收获——

2008 年北京残奥会志愿者任重而道远。

第十一章
成长的摇篮　人生的课堂

时间：2008 年
地点：北京
事件：2008 年北京残奥会

2008 北京残奥会共录用赛会志愿者 44000 人，90% 参加过奥运会志愿服务。志愿者们在 43 个工作领域、2170 多个工作岗位提供服务。此外，北京全市 500 多个城市志愿服务站点也在继续行动，提供信息咨询、语言翻译和应急服务，还有百万名社会志愿者走上街头提供志愿服务。

残奥会志愿者始终秉承奥运筹办过程中所凝练形成的奥运志愿精神，以更高的服务标准、更人性化的服务方式、更昂扬的精神风貌，演绎着“共享微笑、共同超越”的主题，共同诠释中华文明对生命价值的尊重。别具特色的志愿服务不仅为残奥会的顺利举行和营造现场和谐气氛，起到了不可替代的作用，而且对促进一代青少年的成长及志愿者行动的常态化可持续发展，具有重要现实意义和深远的影响。

启迪一：残奥会志愿服务经历是大学生涯中无比珍贵的一课。

较之夏季奥运会，残奥培训更加强调“走近残疾人 感受残奥会”的主旨，强调对残疾人的理解与尊重，强调志愿者与残疾人之间的情感互动。残疾人运动员用平等参与的态度、顽强拼搏的勇气、不屈不挠的斗志所创造的人生奇迹，令“80后”青年志愿者热血沸腾，钦佩不已。以残疾人运动员为明镜，一代青年学子在欣赏中学会了尊重，在感动中磨砺了意志，在震撼中增强了坚韧……

北京第二外国语学院的张靖同学是国家会议中心击剑馆的一名残奥会轮椅击剑志愿者，在讲述自己的志愿服务经历时，她最深刻的体会就是尊重。

“早期培训的时候，老师就给我们传授过一些帮助残疾人的技巧，但真正刚开始面对他们的时候，还是有点不知所措，不敢去主动与他们交流，因为不知道他们是什么心理状态，猜测他们可能会非常敏感。接触之后才发现，其实他们都非常好，有的外国运动员还主动和我们用中文打招呼，特别可爱。”

“每当运动员的比赛快完了，我们都主动过去，帮助他们拿剑、头盔或者推轮椅。因为你不主动他可能不知道你能够为他提供哪些服务，但做这些都需要先征询他们的意见。只要自己能够驱动轮椅，他们一般不愿意志愿者去推他们。这时候，你大可以做个微笑的旁观者，尊重他的选择，因为你知道他能行。”

张靖在生活中没有交过残疾人朋友，她坦承在此之前和许多人一样，看见残疾人时心理有一种莫名的压抑感，但做完残奥会的志愿者后她已经有了不同的感觉。

“我们不应该太多地关注他们的残疾，而应该用更平常的心态去看待、对待他们。”周围的朋友问及她做残奥会志愿者的经历时，她也会把这样的体会告诉他们。她说，无障碍的硬件条件可以逐步完善，但更重要的是接受残疾人的心态，“在不伤害他们自尊的前提下，给他们更多帮助，把他们当作和我们一样的普通人看待。”

中国农大坐式排球馆的残奥经理讲给我听，一位刚刚上岗的女生志愿者，看到几分钟前还在好端端行走的残疾人运动员，突然卸下了假肢，竟然“吓”得哭了起来。开始的时候，不少大学生对残疾人确实还很陌生。

不过，在残奥会上和残疾人运动员有过近距离接触后，志愿者们的观念在逐渐改变。

来自对外经贸大学的陶红说，一次，伊拉克的队员前来训练，他们在更衣室里纷纷拆下假肢，兴奋地大声叫喊。还没等志愿者推来轮椅，几个下肢完全截肢的运动员，竟已急不可耐地用双手支撑着半截身体，“跳”进了场内！接下来的几天，不管是男队队员还是女队队员，他们几乎都是在场外卸掉假肢或扔掉拐杖，然后，或单腿、或用手支撑，就这样一“跳”一“蹦”地进入场地。真是豪情万丈啊！“我深深地被他们的自信、顽强和健康的心态震撼了！”

在目睹了中国队与巴西队争夺五人制盲人足球的冠亚军决赛之后，来自厦门大学的志愿者车斌同样深有感触：“我简直不敢相信他们在什么都看不见的情况下能把球踢得那么好！那种团结、拼搏、对胜利的渴望，带给我们的是更强烈的震撼！”

坐式排球场馆志愿者副经理、农大校团委副书记庆兆珅说，志愿者是和残疾人运动员走得最近的人。他们对残疾人运动员的心态经历了“由隔阂、不解到理解、尊重，直至感动、震撼”的转变过程，并和许多运动员交上了朋友。乐观爽朗、技艺高超、未失一局的卫冕冠军中国坐式女排姑娘们早已成为他们心中的偶像：“我们服务运动员，运动员感染、教育我们，咱们这是谁帮谁呀！”庆兆珅说，残奥会的志愿者经历是大学生涯中无比珍贵的一课。

启迪二：在人性化、个性化专业服务的实践中增长才干，增强自信，敞开胸襟。

细心的《中国体育报》的记者观察到这样一个细节：在“鸟巢”里，志愿者把一位盲人观众带到了座位旁边。但并没有立刻说“请坐”，而是让这位盲人观众摸到了身后的座椅靠背时，才放心地请这位观众坐下。“这个小小的细节也许大多数人都不会注意到，但却体现出志愿者的素质，服务细致到位。”

自从 9 月 3 日以来，来自中国地质大学的刘锋几乎每天服务的记者都固定为北京“1+1 声音工作室”的盲人记者杨青风。无论是去赛场采访、参加新闻发布会，还是到媒体工作间写稿子，刘锋总是如影相随，在最需要的时候出现在伙伴的身旁。

“有一天采访遇到下雨，刘锋一直陪我工作到晚上 10 点多，直到把我送上车，才回学校休息。”杨青风没想到，那天刘锋出门时还为他带了雨伞。让杨青风感动的还有志愿者的贴心服务。“有时我忙起来就忘了跟刘锋打电话预约第二天的行程。他为了不耽误我的工作，每天都是早早起来，在我需要的时候，不声不响地站在我的身边，给我一个惊喜。”在杨青风采访时，刘锋不但要帮着带路、拿话筒、拍照，还给杨青风念材料，甚至还把路上看到的一些他认为对记者有用的新闻信息都介绍一遍。“他就像我的眼睛一样，周围发生了什么事，我都要问他，”杨青风说。

你的呼唤是我的眼睛，我的眼睛是你的心声；你的快乐让我心动，我的祝福伴你一生。年轻的志愿者们以熟练的助残技能和专业知识为中外残疾人朋友提供了精心、细心、贴心的人性化、个性化服务，让他们在残奥会的生活没有障碍，畅通无阻。而在自愿服务中，他们增长了才干，增强了自信心，练就了脚踏实地、解决问题的动手能力，培育了善解人意、襟怀包容的宽厚品格，实现了自我价值自我完善的满足，补上了成长过程中不可或缺的一课。

启迪三：心怀伟大，做平凡的事，“80 后”一代青年人在志愿精神的感召下，坚定了人生信念，增进了社会责任感。

奥运会、残奥会志愿者很多都是在校大学生。在两个奥运会志愿服务的实践中，他们经历了汗水、泪水和耐得住寂寞的洗礼与考验，身体力行“心怀伟大，做平凡的事”的自愿精神，交上了一份镌刻着青春梦想的完美答卷，让全世界都享受着感动和精彩。

就是这些被誉为“鸟巢一代”的年轻人，在场馆内外从事着各种默默无闻的工作。有的在奥运村、残奥村里清扫卫生，有的在媒体班车上当引导员，有的在中心区、场馆外维护秩序、指路答疑、直至嗓子嘶哑，有的就在公共卫生间里为往来客人递送手纸……他们之中有许多志愿者几乎从来没有与参赛选手、观众发生接触；有的与赛场近在咫尺，却与精彩的赛事咫尺天涯，在场馆外、蓝立方值班、站岗，或作为“地下（餐厅、车库）工作者”，默默为其他志愿者、工作人员提供后勤服务。

地处海淀区西北角，离鸟巢大约三十九公里的稻香湖站点——2008 年北京奥运会和北京残奥会 550 个城市志愿者服务站点中几乎最偏远的一个。来自中国农大的蓝立方志愿者每天从学校出发，来回要四个小时。

专家们曾疑惑：这些活泼好动的大学生远离城市的繁华，他们真能耐得住寂寞，坚守在那么遥远的蓝立方吗？

让人惊讶的是，这群年轻人在岗期间却没有一个人自行离岗，顶多在十米外的路口徘徊：“我们走了，要是有人来问路怎么办？”这个志愿者小分队不仅站好了 9 月 17 日稻香湖站点的最后一班岗，还创造了站点服务全程无人请假、迟到、早退的纪录。蓝立方稻香湖站点的工作日志上，还留有前一组人写下的一行工整的楷书：“希望后继者继续认真书写，认真度过每一天。”

他们是在用心将志愿精神如圣火般传递给明天，传递给后来者的每一天……

在这些年轻人看来，奥运会、残奥会志愿者的岗位和学校、专业、人生的选择都一样，没有好坏，既然选了就要学会面对，学会适应，学会享受。

这里，没有作秀，没有矫情，唯有真诚和责任。许多高校志愿者团队的领队老师都十分感慨，这些“80后”“90后”的孩子们长大了，成熟了，他们不仅能够坚韧不拔地去做一件事，而且能以宽容、感恩的心态去对待周围的世界，他们已成长为能担当重任的一代。

志愿者的微笑是北京的名片。

年轻的笑容是一个民族的形象，也是一个民族的内涵。

启迪四：培训是参加残奥会志愿服务过程的一项有效激励措施。

以育人为本，注重实践与创新的培训无疑是两个奥运会志愿服务取得圆满成功的基本元素和基础保障。北京奥组委志愿者部果断地将课堂教学时间缩短，增加实习和参观交流时间，安排了听取优秀残疾人运动员、自强模范报告，观看残疾人艺术团演出和残疾人题材影片；到培训基地学习扶助盲人、肢残人的技能；与正在训练的运动员现场沟通、交流，观看模拟比赛等深受学员欢迎的教学实践活动。

这既符合当代青年学子的要求和培训规律，也体现重在实践，增进对残疾人、残疾人体育的认识，加深感情、更新观念的培训主导思想，是培训的动情点。实践证明是成功的。

培训也不拘泥于通常意义的授课方式。多数课程采取了与学员面对面交流、座谈、答疑、学员模拟表演助残情景剧等能够加深印象的有效形式；充分调动了学员自身的积极性和强烈的参与意识，体现了寓教于知识、趣味之中的良好效果，很适合当代青年人的接受特点。

走近残疾人，感受残奥会，从一定意义上来说，不是理论的问题，而在于实践，百闻不如一见。北京奥运会培训工作协调小组出台的“北京残奥会培训工作指导意见”提出开展以“走近残疾人·感受残奥会”为主旨，以“感悟生命·共创和谐”为主题的系列实践培训活动；奥组委志愿者部考评确定的33个条件基本具备的残奥会培训基地，都是着眼打好培训基石的重要举措，对一代青年人的健康成长具有深远的意义。

在残奥会专家课题组完成的残奥会志愿者培训效果评价中，有一个具有昭示意义的结果，即：“培训也是参加残奥会志愿服务过程的一项有效激励措施。”调查发现：约三分之一（31.4%）的志愿者认为接受培训是参加残奥会志愿服务过程中受到的一种激励方式。激励通常是个人受到各种物质或精神上的奖励所致。课题组认为，志愿者将培训当作激励措施，这可能和志愿者在知识、技能方面的增长有关。此外，残奥会在志愿者培训中强调的团队建设和心理支持可能也起到了一定的作用。

而培训团队形成的以人为本的浓郁氛围，培训老师身体力行，对学员的充分尊重与悉心呵护，师生之间形成的坦诚相待、情感互动的教学关系，无疑对参与培训人员留下了非常积极乐观的正面影响。这一结果非常有意义。承担培训的老师首先是志愿精神和扶残助残理念率先垂范的实践者，使学员深受鼓舞，产生共鸣，认为参与培训也是一种激励就不是偶然的了。

残奥会志愿者的特色培训模式对未来类似大型活动的培训工作应该会有一定的借鉴作用。

启迪五：志愿者感觉最好的时间是服务残奥会的时间。

国际残奥会残奥战略项目组组长 Apostolos Rigas 在奥组委志愿者部召开的 2008 年北京残奥会志愿者工作座谈中指出，志愿者感觉最好的时间是服务残奥会的时间。

这是一个值得我们关注的课题，也是我和我的同事在追觅残奥会志愿者足迹时印象最为深刻的感触和体会。

残奥会的志愿服务经历使这些年轻人的视野从来没有像今天这样开阔。看赛场上超越的永恒，看坚持的艰辛，看拼搏的美丽并因此勃发的人格魅力，看中华大地因深深地眷恋和关爱而彰显的人文情怀。他们能够从中切身感受赛场内外人们对志愿者深情的目光与呵护，看到自己作为残奥会志愿者的尊严和价值，感到助人的快乐和与受助者分享快乐的幸福。他们觉得这种快乐和感觉都是自己最在意的收获——

“志愿者感觉最好的时间是服务残奥会的时间。”

北京残奥会不仅延续了北京奥运会的志愿精神，而且有了创新，有了特色。志愿者们用全身心的投入履行了自己的承诺。通过志愿服务，志愿者收获了责任心，社会收获了美丽，在共建共享中，世界看到了一个和美的东方民族。

被观众誉为“蓝色精灵”的北理工盲人门球场馆观众服务团队公共区引导主管、志愿者小玉同学对此感触良多。她说，之前觉得残奥会志愿服务培训非常严格，包括语言沟通技巧、岗位服务技巧、工作姿态及礼仪、仪表等方面，一时还真有点茫然。但在实践中她体会到对残疾人朋友情感的把握远比掌握专业服务技能更为重要。随着志愿服务实践的积淀，小玉积累了更多的经验和心得。刚开始时，她总会把所有动作做得很规范，跟培训时一模一样，现在则融入了自己的理解：

“太多的感动需要我们用心珍藏，在这样的一种伟大情怀面前，语言似乎也变得苍白了。残奥会是一个让我永生难忘的历史盛会。感谢这次机会，让我见证了生命的各种奇迹，让我看到了人性的善与美，让我更加懂得尊重，宽容，让我更加坚强乐观，在未来的日子里，我们也会遇到各种挫折，但是这份经历将永远鼓励我们不屈不挠地努力前行，没有任何阻力能阻挡一个积极乐观，永不言败的人走向成功！

“当残奥会的圣火缓缓熄灭，我的志愿者生活宣告结束，但是志愿者精神永不熄灭，我会永远铭记这段光荣与梦想交织的日子，这份美丽永恒。

“志愿服务将是我一生中最难忘的经历，会让我终身受用。”

这是小玉同学在残奥会闭幕式当晚发来的“志愿者感言”，应该也是“鸟巢一代”青年志愿者们的共同心声吧。

历史不会忘记，从这里走出来的志愿者是一代心怀伟大、志在高远、脚踏实地、乐于奉献的年轻人，他们必将是传承华夏文明、实践中华民族伟大复兴的希望和栋梁。

2008年北京残奥会一道靓丽风景
微笑着彰显生命的美丽——残疾人志愿者的风采

2008年北京残奥会除了为主办城市留下了大批无障碍设施，也推动着世界的和谐发展和人道主义的进步与升华。残奥会集中体现了建造一种相互理解和包容的社会价值的努力，它意味着社会偏见正在减少，也意味着残疾人群体从救济对象到权利主体的观念正在深入人心。“超越、融合、共享”的理念，在北京残奥会上得到了最充分的诠释，残疾人在超越自我的同时，努力实现与社会融合，共享改革开放的成果，感受社会进步的喜悦……它的丰富内涵已远远超越了体育本身。我们相信，这一理念将深深根植于未来社会发展的土壤之中，并将结出更加丰硕的果实。

——引自《人民日报》记者温红彦、许立群综合评述《共享进步　共创未来》

一、一组难忘的数字奏响动情的主旋律

残奥会筹办阶段，北京市有26家残疾人服务机构成为北京残奥会志愿者培训实践基地，累计为1.5万名残奥会赛会志愿者提供8万多小时的“一对一”培训服务。这就意味着

有万余名人次的残疾人承担了志愿者培训的现场演练和相应活动的志愿服务。全市有1.2万名残疾人报名参加奥运会、残奥会赛会志愿者的选拔，63位残疾人朋友脱颖而出，成为赛会注册志愿者，直接服务奥运会、残奥会。

通过培训和考核，奥组委志愿者部遴选出50位有热情、有水平、有能力的残奥会志愿者培训师，他们身体力行，在讲台上展示激情、自信和坦然，本身就具有强烈的感染力和震撼力，起到了教科书无法替代的楷模示范作用。

此外，320名残疾人演员参与残奥会开闭幕式演出；有8000多人次残疾人演员，参加奥运城市文化广场和残奥会各种庆典活动演出。100名残疾人组成的太极球和轮椅健身操表演团队，成为迎奥运、迎残奥群体展示特色亮点项目。

有5000余名残疾人以志愿者的身份在遍布城乡社区的“温馨家园”，随时热情接待来访的中外宾客，还制作了8000多件美轮美奂的手工艺品，作为北京奥组委赠送中外宾客的特色礼品。

10家盲人保健按摩行业示范店接待了多家中外媒体的现场采访，并为20余个国家3000多人次的外国友人提供了保健按摩服务，其中还有10位盲人保健按摩师作为全市数以千计盲人按摩师的代表，以注册赛会志愿者的身份，在奥运村、残奥村，为中外运动员、官员和工作人员服务。

还有11位身怀绝技的残疾人在奥林匹克中心公园祥云小屋展示技能；数百名残疾人在居住的社区踊跃报名，参加奥运安保志愿服务；20 万残疾人积极参与了“迎奥运、讲文明、树新风”活动，38 万残疾人走出家门，到现场观看残奥会比赛，游览风景名胜、文化设施，体验城市无障碍，开展文体健身，享受“快乐残奥”。

看似一组平凡枯燥的数字，却让我不由自主地从心底升起一种温暖的冲动，感到“天地人”的波澜壮阔，拨动我们每个人的心弦。

二、这里通向鸟巢、水立方

在临近鸟巢、水立方咽喉要地的马甸到德外大街一带，每天一大早就能看到他们忙碌的身影。乍一看，与其他志愿者没什么两样，佩戴奥运安保志愿者的红袖标，脸上挂着北京志愿者的“招牌微笑”，风尘仆仆，风雨兼程，守护着自己的家园。可他们蹒跚的步履，摸索的眼神，又让我们升起一种油然而生的崇敬，看到一种神圣，一种责任，一种尊严。这就是由德胜街道近 60 位肢残、视障、听障朋友组成的北京第一支残疾人奥运志愿服务队。

北京卫视在残奥会期间播出了德胜街道残疾人踊跃参与奥运安保志愿者服务的一组感人画面，引起了众多“老北京”的好奇与关注：原来残疾人也有奥运志愿者服务队？

说起来，我还真与他们有缘。2008 年的 3 月，我曾与德胜街道残联的朋友们有过一次亲密的接触，共同策划并参与了由北京奥运会培训办、奥组委志愿者部共同主办的“基层残奥培训巡礼——德胜残疾人志愿者在行动”为主题的残奥培训百人实践体验活动。

3月14日上午，首都10多家新闻媒体记者早早地来到“助残展示活动”现场，饶有兴致地观看并亲身体验了由德胜街道残疾人志愿者、北师大“白鸽”大学生志愿者、23个社区居民代表和残疾人专职委员的倾情互动。有残奥知识答疑，模拟定向导盲，协助盲人就餐，辅助肢残人推轮椅，奥运英语对话、学唱英语歌曲演示，与不同类别残疾人沟通交流礼仪常识与实践，观看残疾人手工艺编织作品展和职业技能表演等形象生动的残奥培训活动。其中5位残疾人培训师就是我们残奥会培训师资班的“毕业”学员。今天他们会同培训班的礼仪专家，也是德胜街道残联副主席的林达老师携手亮相，赢得满堂喝彩。

记者朋友们大多是第一次参与残奥会和助残技能培训。德胜街道残疾人志愿者服务队精心准备的这个特色鲜明、亲身体验的残奥培训实践活动，使他们沉浸在大爱无碍的激情互动中，目不暇接，流连忘返。有记者在第二天的报道中选用了这样一个直观而又亲切的题目：

“这里通向鸟巢、水立方”

8个月之后，2008年11月14日上午，我再次来到德胜街道残疾人温馨之家，与经历了奥运会、残奥会锤炼的残疾人志愿者服务队新老朋友们座谈，倾听他们讲述奥运会、残奥会期间那些大爱无碍的感人故事。

残疾人协会低视力专职委员王丽慧是志愿者部举办的第三期残奥培训师资班“高材生”，讲起自己的奥运“往事”，滔滔不绝，声情并茂——

我与居委会其他几位残疾人朋友从八月初就入选平安奥运社区志愿者，两个月来始终坚持值班巡逻，那个高兴劲儿就甭提了。

邻居申海翠只有一条腿，拄着单拐，挺难的，她就动员全家人一块儿帮她值班。因为离家远，交班时，爱人每次都来接她。她激动地说：“过去，我总是觉得需要别人帮助，可现在，我也能帮助别人啦！老党员王希会和老伴都是肢残，老两口就交叉换着值班，没耽误一天工夫。”

街道还有一个年轻女孩，多年照料因患类风湿病卧床的母亲和舅舅。听说居委会选安保志愿者，她很想报名，又不放心两位老人。妈妈和舅舅知道姑娘的心思，想方设法妥善安排起居，尽量相互照顾，让姑娘安心上岗值班，一家人热热乎乎地，心往一处想，劲往一处使，两个月硬是风雨无阻，姑娘就这样坚持下来了，您说神了吧？

说到培训班那些有意思的事儿，参加座谈会最年轻的吴毅欧（23 岁，肢体短小症，大学生）风趣地讲述了自己在培训班的实践经历。

那天，我们在大兴职培体训中心乒乓球馆实习助残技能，我坐在轮椅上模拟受助者。白岩松、濮存昕，还有很多记者都在现场，好热闹啊！白大哥先是示范推轮椅，目不转睛，挺直了腰板，完全符合教材要求；然后又停下来，蹲在我面前，攥住轮椅扶手与我聊天，演示与坐轮椅残疾人沟通交流的文明礼仪。看到白大哥这么认真，我想自己又不是真的走不了，让白老师就这样一直蹲着，多不好意思啊！于是，我赶紧跳下轮椅，也蹲着与白老师对话。白大哥先是一愣，然后乐了，旁边观看的人也都跟着笑了起来。

听到这里，我与在场的残疾人朋友们也都情不自禁地哈哈大笑，冬天的屋子里春意盎然，大家的心里都暖洋洋的——尊重，其实就是这么简单。

讲到做两个奥运志愿者的收获，一直在旁边默默听我们讲话的徐玉优师傅终于开口了："我 53 岁了，是工伤致残。今年 5 月才做（残疾人协会）专职委员。以前在工厂，我口讷，话不多，下班后就待在家里，很少吭声。人家说我是肢残加'话障'。我们北广社区有 100 多名残疾人，又赶上两个奥运会，他们对我期望挺高。我想得先从有勇气跟人讲话、学会与人打交道开始。在居委会办公室我坐在最外边，出来进去的人都跟我打招呼，不把我当外人；我先是点头示意，后来试着搭话，一来二去，我就不再感到紧张了，再加上参加了培训，工作也开始渐渐上路了。

"我们社区固定参加奥运安保值班的就有 7 位残疾人，平时加入值班的残疾兄弟还有很多。我给自己，也给他们打气：'你只要戴上胸卡、佩戴着红袖标往那儿一坐，别人就不会再盯着你的残疾，坏人也就不敢打你的主意了。’你别说，整个奥运期间，社区残疾人志愿者值班还真是一路畅通，没发生任何顶撞和冲突的事儿。这期间，我与残疾兄弟姐妹们也越来越熟，话自然而然地多起来了。他们愿意和我在一起，见到我就说：‘老徐，你过来，跟我们说说话！’

“赵老师，您问我做奥运志愿者最大的收获是什么？我觉得自己不再木讷少语了，每天过得挺有盼头的，这算是收获吗？”

担任导盲培训助教的李铮（视障）一遍一遍地、笑容可掬地为其他志愿者示范动作，让大家知道怎么给盲人带路。他说：“我的眼神不好，但笑容一定要好看，因为我是志愿者，动作一定要有志愿者的样子，这才叫‘残健融合’哦！”

37岁的和延京是纳西族妇女，也是今年刚刚上任的双旗杆社区残协委员。她告诉我们，处在精（神）残（疾）康复期的丈夫非常支持她的工作，说：“你就安心为奥运服务吧，上班只能早去，不能早退，家里的事，我包了。在家看电视他就是看奥运，还把新消息及时告诉来不及收视的妻子。和延京很感动，觉得自己特别幸运，生活在德胜街道。这里的街道社区和残联干部与我们心连心；而这里的残疾人爱心、责任心一点都不比健全人差，丈夫一天天好起来，自己心里也亮堂了，感觉踏实多了。

“‘百年奥运’，我们做不出什么轰轰烈烈的事情，可在自己的家门口做点什么，保奥运平安，保家园洁净，给人指指路，让街坊邻居感受到参与两个奥运会的气氛，我们能行……”

就这样，与会的朋友们你一言、我一语，没有什么豪言壮语，只是轻声细语，娓娓道来，讲述他们自己感动的事，不知不觉已到中午吃饭的点了。他们有的要去接放学的孩子，有的必须回家给老人做饭，有的还要在残联值班。屋外寒风阵阵，屋内春意融融，真舍不得与他们告别。朋友们一一紧握我的手，说：“赵老师，你一定要常来看我们哦！”

温馨家园的活动室已是人去楼空，他们又回到自己的生活里，淹没在茫茫人海中，平平淡淡，普普通通，和我们一样又不一样，你还会在意他们的残疾吗?

三、心怀感恩：我与残奥会真有缘分

——听志愿者李嘉讲述大爱无碍的故事

个人档案：李嘉，男，1959年4月出生，儿麻致残、拄双拐(重残)。自学并可熟练进行英语对话，五年前工厂倒闭。街道残联帮他安排在一家涉外俱乐部任英文笔译(不坐班)，妻子5年前与其离异，现自己抚养9岁儿子。残奥会期间先后在奥林匹克中心公园祥云小屋、残奥北航举重馆做志愿者。

9月9日，我来到北京航空航天大学残奥会举重馆，开始履行一名残奥志愿者的使命。那天清晨，穿着志愿者的衣裳，摇着轮椅在街上一走，我心里美得像做梦一样。好多人

都看我，我猜他们准是羡慕我呢！我碰上了一个外国记者，他问我："你觉得北京的无障碍设施怎么样？"我说："你不是看见了我就可以自由自在地在街上走吗？我要摇着轮椅去为奥运服务哪！"人家冲我挑大拇哥。有个老哥哥，头发全白了，跟着我走了一会儿，凑到我跟前小声问："你这是真的去服务啊，你自己都不容易，还能给别人服务？"我听了大笑，说："老哥哥，我这可不是拍电影，我要用最好的服务为咱们北京争光，您瞧好吧！"

作为残疾人志愿者，除了像普通志愿者那样恪尽职守，还发挥了自己独特的作用呢。我在举重馆服务曾连人带车翻了两个跟头，都是因为新铺设的坡道接缝的地方有凸起，又被地毯盖住不易察觉造成的。想到这种安全隐患可能会对使用轮椅的残疾人运动员和媒体记者造成伤害，我立刻摇着轮椅在服务区体验一遍，找出各处的隐患，而后向有关部门做了汇报。场馆团队在第一时间做出改进，在所有有隐患的地方都做了有中英文的警示标志。

9月13日下午，国际残奥会主席菲利普·克雷文先生来到残奥会举重馆，他要离开举重馆的时候注意到在岗位上的我，于是转身来到我面前，亲切地和我握手，问我："Do you enjoy being a volunteer?"（做志愿者你享受吗？）我只回答了一声"Yes"，其他什么也说不出来了。现在我直后悔，怎么不和他多说几句呀，我想告诉他能做残奥会志愿者是我一生的荣耀。为了支持我当志愿者，姐姐撂下刚刚考上大学的外甥女，来到我家替我照顾孩子，成了我家的志愿者；上公交车如果没有升降轮椅的装置，乘客们就抬着我上车；乘地铁，没有直升梯，四五个地铁工作人员用爬楼车护送我上下楼，我都不好意思了；就是开残疾人摩托车去举重馆，每次我也需要别人把我的轮椅搬上搬下，帮我搬轮椅的志愿者们我一个都叫不出名字；我全要谢谢他们，谢谢他们帮助我实现了梦想，在残奥中快乐，在残奥中享受！

我一生都不会忘记我的北航志愿服务团队年轻队友和伙伴。每次你们都会在我需要帮助的时候出现在我的面前。和你们在一起让我忘记了自己的年龄。你们的纯真和热情使我时时为自己曾经在困难面前的自卑和畏怯感到惭愧，残奥会是课堂，你们和所有我接触过的志愿者都是我的老师，经历了残奥会，我又年轻了。

志愿者李嘉情真意切的感恩，对年轻人的赞许和依恋；年轻人在李老师对残奥会全身心的执着投入中，读懂了尊严、责任和高尚；用生命影响生命，是残奥会自愿精神留给我们最为珍贵的遗产。

四、用青春书写同样的感动

在残奥会上，同样有一些充满青春活力的残疾人志愿者。他们用自己的知识、阅历、专长为残奥会做出力所能及的奉献。一开始接触他们，相信很多朋友都会有一种不寻常的震动，甚至伴随些许痛楚、怜爱；但与他们相处多了，你会觉得他们和残奥会所有青年志愿者一样：快乐、专注、好奇、开朗。不知不觉中，你会忽略他们的残疾，就像邻家的男孩、女孩。可他们与邻家孩子又不一样，过早的苦难和坎坷，以及鲜为人知的隐痛，铸就了他们不屈的性格和豁达的情怀。

（一）北大博士生郭辉：镌刻在生命中的感动

坐在轮椅上的她，曾以北京2008年奥运会城市志愿者的身份坚守在北京大学西门外的一个交通亭，为来往的群众提供信息咨询服务；现在，她又参加了北京2008年残奥会的志愿工作。尽管行动不便，尽管学习任务繁重，尽管已经做了很多志愿服务，但她认为“残奥会的志愿者经历，将是一段镌刻在生命中的感动”。她是北京大学外国语学院2003级博士生郭辉。

郭辉是一名城市志愿者，每4天轮一次班，主要负责信息咨询。8月的北京，酷热难耐，但她总是微笑着、不厌其烦地为前来寻求帮助的人解决问题。“以前，总是别人帮助我，上台阶的时候一个顺手的动作，会让我心里温暖半天。而这次，我尝到了帮助他人的乐趣。”她微笑着说。

在北大西门工作时，她认识了一个患有小儿麻痹症的19岁男孩。从北京昌平区辗转乘公交车到北大西门，那个拄着双拐的男孩想进校园里看看期盼已久的奥运会比赛，却赶上北大采取出入限制措施。男孩在失望之余看到了不远处坐在轮椅上的郭辉，男孩羡慕郭辉可以成为北京奥运会志愿者，赞叹她考上了自己心目中的最高学府。“加油！好好干！”男孩离别之际的话语让郭辉感动，“正是因为这句话，激励着我继续参加残奥会志愿服务，不让他们失望。”

（二）清华博士生志愿者秦旭彦：“杂物总管”总是笑呵呵的

由于出生8个月就患上了小儿麻痹症，秦旭彦的左手和左脚都行动不便，但凭着自己不懈的努力，他于1999年考入清华大学土木工程系，2003年被保送到本校交通研究所深造，现在已经博士毕业，就职于清华城市规划设计研究院。“我和残奥会真的很有缘。”除了做志愿者，秦旭彦还是北京2008年残奥会志愿者培训师，以及北京2008年残奥会圣火传递北京站第15棒火炬手。

2008年3月，秦旭彦参加了包括助残技能、残疾人身心特点、知识理念、残体知识等方面的培训。秦旭彦说：“看似简单的推轮椅都要经过反复训练才能合格。”

专攻城市规划的“大博士”秦旭彦，在残奥会岗位的任务主要是为志愿者提供后勤服务，如发服装，办理通行证、饭票、水票等。“都是些杂活儿，但是我们要随时待命。”大博士挺在意“小总务”的活儿，每天笑呵呵的，好开心！

（三）盲人按摩师马巧云：“我是运动员的肩膀”

皮肤晒得黝黑、说话干脆利落的马巧云，曾经是中国残奥代表团的视障田径运动员，是我熟悉的朋友。在10多年的运动员生涯里，她获得过7枚金牌。2000年退役后，她自主创业办起盲人按摩中心，获得多次全国按摩奖项，被评为全国自强模范。如今，她又开始了新的“奥运生活”。

有一名韩国跆拳道运动员腰上有伤，连爬上按摩床都困难。双眼仅有光感的按摩师马巧云为他做了45分钟按摩，这位运动员就好像换了身骨。“和小孩一样，他一下床，就在我旁边蹦蹦跳跳的，兴奋地说着什么。翻译告诉我，他很意外按摩效果这么好，说我的服务很棒。”马巧云回想那时的情景，一副很满足的表情。从8月9日起，马巧云的生活从早上6点开始，换乘4趟车，花上近两个小时到达奥运村，开始8小时的医疗保健按摩服务。从奥运会到残奥会，酷爱运动的她没有机会看一场完整的比赛。

“当运动员的时候，志愿者为我服务。现在我有机会作为志愿者为他们服务，这对我来说，再辛劳也值得。”马巧云对以志愿者身份参与两个奥运会情有独钟，“每个残疾人运动员身上都因训练而留下伤痛，他们要取得成绩，要付出比常人更多的代价，这个我比别人都更能理解。所以在服务过程中，我会特别心疼，又会特别用心。”马巧云笑了：“我就是运动员的臂膀，和他们一起放飞梦想，多开心！”

（四）日语教师王素玲：在青春的路上摇着轮椅追梦

20世纪80年代末，我刚转业到残联工作时，新影厂正在拍摄记述一位年轻残疾教师事迹的专题片，我参与了协调工作，也由此结识了我的第一位残疾青年朋友——王素玲。影片中有一组令我难忘的镜头：身患重度儿麻后遗症、刚刚

20出头的进步巷小学少先队义务辅导员王素玲，每周有三天清晨4点起床，匆匆带上一个馒头，摇着轮椅赶往门头沟参加日本早稻田大学设在北京的日语培训班。一天在崎岖的路上颠簸将近9个小时，通常要在半夜时分才能回到家。无论是在漫漫的路上，还是门头沟那儿设在楼上的培训教室，都无法方便如厕。于是她就把饮食控制在最低量，全天几乎都不饮水。这个常人难以想象、更无法忍受的生活“习惯”，王素玲一直保持至今。整整4年半的时间，她硬是坚持下来，获得早稻田大学日语本科文凭，还在日本NHK广播电台举办的日语演讲大赛中荣获第一名，并应邀到东京参加颁奖典礼。1988年，王素玲被破格聘为进步巷小学正式教师。学校特地为她开设了日语教学班，让她为孩子们讲授日语课。她还是一位孩子们非常喜爱的优秀班主任呢！

20年过去了，当年的“五四青年奖章”获得者，如今已是有20年教龄的中年教师，又以赛会注册志愿者的身份，摇着轮椅，踏上为奥运会、残奥会志愿服务的路，这是她发给我的微信：

“每天早晨5点我走出家门，直奔鸟巢，晚上11点才回家。为了不给大家添麻烦，我依旧是老办法：尽量不喝水、少吃饭。我所负责的是奥林匹克中心区观众信息咨询服务和日语语言服务岗位。每天我边用双手摇动轮椅，边要解答数千名观众的咨询并为参观‘祥云小屋’的日本观众做多场翻译解说工作。一天下来口干舌燥、声音嘶哑。加上控制饮水，有时候体力严重透支、十分疲惫；但我非常享受这个过程，轮椅伴随着我书写着自己的志愿故事。

“让我印象最深刻的是有一位日本观众在得到我的帮助后打开一面旗，上面写着‘感谢中国’四个字。看见他们脸上满意的笑容，我感觉到自己的价值和被认可的尊严，觉得付出的一切都是值得的。

“都说志愿者不求回报，但谁又能说我们真的没有得到回报呢？”

祝福你，始终在青春路上摇着轮椅追梦的王素玲老师。

（五）引导员康颖：不想被媒体当作特殊志愿者来看待

在奥林匹克中心区，观众安检口的引导员康颖正四处“找活儿干”，她的左腿是假肢。她“特别想为残疾人服务，并告诉他们，身体残疾没什么大不了的，照样可以挺起胸膛走自己的路”。

在北航体育馆观众检票口，一位残疾人志愿者死活都不愿意接受记者采访。她像健全人一样站在那里为观众检票，看不出有什么异样。附近的大学生志愿者告诉记者，这个阿姨平时很开朗，爱跟大家开玩笑，自己也爱笑，工作起来不仅不要别人帮忙，还照顾其他志愿者，经常给人替班：“估计她不想被媒体当作特殊志愿者来看待，大家都是一样的志愿者……”

不想“被媒体当作特殊志愿者来看待”，这在一定程度上反映了眼下社会上对残疾人的认识还有障碍；而残疾人能够走出家门，投身自己喜欢做的事情，也绝非那么容易。大爱无碍，需要全社会共同的努力；需要你、我、他的换位思考和相互理解，特别是健全人对身边残疾兄弟姐妹渴望无障碍参与社会生活情感的尊重和珍惜；需要一个“天地人”和谐的广阔舞台，这就是2008年北京残奥会的鲜活实践和对未来的昭示。

《中国青年报》的记者王烨捷用三句醒目的“起来”作为副标题，即“街上残疾人多起来，无障碍设施用起来，比赛门票俏起来”汇总为“残奥会让北京残疾人动起来”的亮色主题，是画龙点睛之笔。一个事业的主体动起来了，这个事业就有希望；一个群体中的先行者动起来了，这个群体的真正解放才不会是一句空话。奥运会、残奥会上的残疾人志愿者为我们开了一个好头。

一位德国残奥运动员对此更有切身体会，故事还得从残奥村内的中国民间手工艺品制作展示小屋说起。期间，残疾人篆刻师薛国墚与残疾人英语翻译志愿者李嘉联手，与国外残疾人朋友一起创造出了英语字母、音译汉字和生肖为一体的个人名章，先后为多个国家残疾人朋友刻出独具匠心的个人名章。一天下午，这位德国运动员来到小屋，希望用镌刻章的形式来作为此次中国之行的留念，但他第二天清晨6点就要赶飞机。薛国墚得知这一情况后，连夜加班到12点，然后骑残疾人摩托车到残奥村找到那位德国运动员，送上刻好的印章，并在现场通过打电话给“第三者”李嘉，再以李嘉“同声”口译的形式与德国运动员交谈，彼此称兄道弟，谈兴甚焉。这位德国残奥运动员深为中国残疾人志愿者诚实守信、有诺必行的举动所感动，连夸中国残疾人哥们儿真好，让人佩服之极，并表示要把中国残疾人志愿者的故事告诉他的国内朋友。

北京的残疾人确实动起来了——克雷文主席在参观东四街道温馨家园后，亲笔题词赞叹：“今天我们看到了最完美、最精彩的技艺，残疾人在这里完全没有障碍。”

因为有爱，才能无碍；我们才看到了残疾人运动员和残疾人志愿者那种不屈服于命运的坚韧和顽强；才理解到他们发自内心的微笑，彰显着生命的美丽；让我们读懂什么是直面坎坷的从容，什么是快乐自信的人生。那些动人的瞬间，足以湿润你的眼眶，荡涤你的心灵。

第十二章
上善若水　情暖珠江

时间：2010年
地点：广州
事件：2010亚残运会

18年前，我有幸参与了广州第三届全国残运会组委会的筹备工作，18年之后，我又荣幸地作为广州2010亚残运组委会志愿者部培训顾问，参与志愿者培训工作。白云苍狗，光阴荏苒，对于改革开放前哨的广州发生的巨大变化，我感到十分振奋，而岭南文化的厚重和人文理念的积淀更让我神往、眷恋。在大学城，在市区高校本部，在新白云机场，在奥体中心、残奥中心，在亚运城，在从化、花都、荔湾、增城、越秀、天河……无论是赛会志愿者还是城市志愿者，无论是机场安检、服务团队，还是外事接待礼仪部门，无论是社区居民、还是武警官兵，我都能感受到他们无一例外，对残疾人这个特殊而又困难群体的那份尊重和关注，以及在培训中的积极互动和快乐参与。其中，让我格外惊喜的是，广州市残疾人以高素质的品格和感恩的阳光襟怀，全身心地投入亚运会志愿服务和助残知识、技能传授，赢得了众多年轻人的心，也成为广州两个亚运会中一道温馨的风景线。

一、渴望平等、尊严、尊重的大爱无碍境界

2010 年 11 月 26 日，抵达广州的第二天一早，我就匆匆赶往位于大学城的广东工业大学盲人门球馆志愿者团队培训现场。亚运会尚未闭幕，广东工业大学（以下简称“广工大”）手球馆还有激烈的角逐，而亚残运会志愿者的专项培训就已经提前登场了。团队负责人王亚煦是个讲究效率、机敏果断、快人快语的“80 后”硕士、校团委副书记。我们曾于 10 月间在广工大志愿者通用培训阶段时接触过。第一次见面，我们称她“王老师”，她笑着说：“在前辈面前不敢当，就叫我‘小王’吧。”于是我们就在“王老师”前加了个“小”字。那一次也是我与广州市盲协主席陈阳的第一次同台讲座，印象深刻。参加培训的同学有千人之多，只好分别在主会场和分会场两个教室听课，我和陈阳老师则以“交换场地”的方式往返串讲。

由于转场缘故，我只赶上了陈阳老师授课的尾声，但他娓娓道来、从容讲述的风格，让我意犹未尽，耳目一新。下课后，从同学们热情的掌声和依依不舍的信任目光中，让人感觉年轻人对我们的讲座是欢迎的，虽然培训学时只有平常的一半。临别时，小王老师兴奋地握着我们的手说，这次不算，下次一定再请两位

老师痛痛快快地给同学们讲讲那些可亲可敬的残疾朋友。说罢，他要去了我的北京电话号码："赵老师，陈老师，别忘记我们的约定！"

两周后，我从北京返回广州。广州亚残运会开幕进入倒计时，赛前培训的第一站就是广工大盲人门球馆团队。

站在讲台，身着绿白相间志愿者服装的陈阳主席显得格外年轻潇洒。他先问大家："各位同事，你们看我像个盲人吗？"我与教室里坐得满满的的600多位志愿者"同事"们心里一怔，不由得再次端详站在讲台上的陈老师，刚刚五十出头，身材匀称，腰板挺拔，笑容可掬，声音柔和，看不出任何"盲态"，甚至恍惚觉得陈老师面对我们的双目依然炯炯有神……

感觉到台下的寂静、茫然，老师用平静的语气解释说："我七岁时患视网膜色素病变，少年时视力开始模糊不清，青年时逐渐失明，直至完全看不见，所以一般人看不出来我是盲人。给同学们讲个故事，一次我坐公交车上班，亮出盲人证给司机看，师傅没说什么，倒是一旁的两位女乘客小声嘀咕：'瞧瞧这人，西装穿得笔挺笔挺的，却连两块钱的车票都要蹭，呸呸……'我一点儿都不怪她们，心里还有点儿得意，呵呵，没认出来我是盲人！"

每次出门时，老伴的手和我的手总是紧密地挎在一起，左邻右舍的人煞是羡慕："瞧这老两口出门手拉手的，形影不离，多恩爱哦！"听到这话，我心说："恩爱不假，可形影不离却是无奈，老伴就是我的眼睛啊！""所以，同学们你们记住，任何时候都不要以貌取人哦！”

这是我第一次完整地听陈阳老师的培训课。没有官话套话，四两拨千斤的幽默开场白，出乎我的意料，也让我与在座的每一个人从心底感到震撼。一个生气勃勃的少年在煎熬中等待漫漫长夜来临，从此与光明诀别，这需要何等的勇气啊？！

陈阳是广州亚运会和亚残运会的“双料”志愿者，他还同时兼任广州残疾人联合会执行理事会理事和广州市残疾人职业培训中心副主任。从事医疗保健按摩20年，是广州知名的盲人保健按摩师。陈老师微笑着提醒同学们：“你们注意到我一开头就称呼你们是我的‘同事’吗？今天我特地穿着志愿者服装来讲课，我也是你们中的一员，是同事哦！志愿者不分年龄高低，不分是残疾人还是健全人，志愿者的岗位要求和服务标准是一样的。”

亚运会期间，陈老师的服务岗位是广东奥林匹克中心田径场，主要负责观众指引工作。说到观众指引，有很多人问过陈阳及其他几位盲人志愿者：“你们眼睛看不见，还能给别人指路吗？”陈阳用行动证明，盲人做的观众指引比导航系统还好。“盲人走过一遍的地方，每个细节都会记得非常清楚，可以说是一幅精确的‘心理地图’，我们比普通人更细心，经常有健全人朋友惊讶于我们指路的精确和到位。”陈阳说。

陈阳还和他的朋友找到了最适合盲人的服务项目：“大学生志愿者把五只乐羊羊头套戴上，跟我们就没什么区别了，但他们不适应蒙着眼睛走路，而我们能行！”陈阳和他的盲人朋友们如是说。“扮演乐羊羊，听到观众们，特别是孩子们开心的笑声，是我们最幸福的时刻。”

接下来，我惊叹地盯着陈阳老师在讲台上那么简洁明快地为年轻学子们示范、分解帮助盲人的基本动作，又手把手带着年轻人利利索索地沿着一级级阶梯上上下下，胜似闲庭信步，如入无我之境。此时，阶梯教室内，年轻的学子们已不再矜持，掌声四起，跃跃欲试，此起彼伏，激情洋溢。

看着同学们那情不自禁一张张绽放的笑脸，我的眼眶湿润了，那一瞬间，我明白了，这不仅仅是一堂传授助残知识的技能培训课，而是超越了年龄跨度、残缺遗憾，两个素昧平生群体心灵之间的碰撞，是对平等、尊严、尊重，大爱无碍境界的渴望与寻觅——

“我要和同学们分享的是幸福和快乐的感受无时不在，无处不在。当我手握亚运的火炬在护卫手的带领下传递亚运激情的时候，在我的脑海的词语数据库中已经没有了‘残疾’这一词语；当我在你们的引领下迈步走上讲坛向大家讲解助残技巧的时候，我的脑海已经跳出了残疾的行列；失明似乎已经成为了我的过去时，我只是把我曾经的经历和体验告诉大家而已。我期盼，亚运、亚残运在时间上会有句号，但共融的社会永远没有句号。”

二、原来培训也可以这么温馨，这么快乐

坐落在广州奥体中心附近的广东省培英职业技术学校是国内最早为残疾青年创建的职业中专之一，也是广州亚残组委确定的两个志愿者骨干强化培训实践基地之一。2010 年 11 月 27 日、28 日连续两个双休日，我和华师、广州大学、广技师、华工、广东

药学院、广工大、暨南大学等 7 所院校的近 600 名志愿者骨干，与培英师生一起，共同经历了亚残运会志愿者培训实施以来，最有特色、别开生面的赛会志愿者骨干强化培训和助残技能操作实践课。

11 月 27 日一大早，培英的十几位同学已经做好了迎接培训学员到来的各项准备工作。他们在校门口列队隆重欢迎师兄、师姐的到来，再引导他们到设在小礼堂的培训现场，将准备好的培训教材、资料和矿泉水分发给每一位学员。会计专业教师也是互动课培训师的陈瑞英老师告诉我，这些培训后勤保障的活儿，统统是由残疾学生完成的。他们都是校学生会、团委的干事，因为每次名额有限，得轮换值班服务。尽管有的手、脚不方便，有的听不到，还有视力障碍的同学，但都十分珍惜这个为亚残运志愿者服务的难得机会，他们自豪地说："我们是志愿者的志愿者！"

期待的目光，灿烂的笑容，感动着每一位莅临的大学学子；但写在脸上的矜持和客气的连声谢谢，还是表明曾经陌生的两个群体些许的距离感。当强化培训班负责人、原北京残奥会志愿者李志云老师与九位漂亮的聋生姑娘一起，带领着大家共同跳起欢快的志愿者助威操、拉开互动课的序幕时，师兄、师姐们的心灵又一次受到震撼。陈老师说，这一切就是让志愿者们能感受到这是一次与想象中不一样的培训，分享"培英"版"一起来　更精彩"的快乐。

接下来，由培英中专青年教师开发、设计，针对志愿者能够直观了解肢残、视障和聋人生理、心理特征，以及文明礼貌助残、交往的互动课开始了。主持互动课的陈老师和梁老师事先将各高校的志愿者和各类残疾学生随机分成若干小组，给 3 分钟时间让他们相互认识，然后抽取两组，要求他们在介绍自己时，同时要说出左邻右舍的伙伴名字、来自何方；在轻松的气氛中，来自不同院校的志愿者及培英学校残疾学生，很快就从陌生变成熟悉，由拘谨变得大方，顺利进入快乐互动的状态中。

四人五足跑猜哑谜这个游戏特有意思：四人组成一队用绳绑成四人五足，必须协调运行，到达目的地后与终点处的聋生交流，猜出他们用手势比画的运动项目，然后迅速返回，在规定的时间内完成任务较多的一组为胜。那个跨越障碍的游戏叫作“一路同行”：由一名同学扮演引导者和另一名同学戴上眼罩，模拟盲生，两人一路同行，在志愿者的帮助下，模拟者走在用桌子搭起的细窄“独木桥”，穿过白线划定的“通幽曲径”，之后，在划定的圈圈内还要原地旋转 360 度，判断终点方向，然后径直前进，看谁在规定的时间、方向内取胜。

梁老师一声“开始”令下，混合编队的大学生志愿者和培英学校的小师弟、小师妹们早已迫不及待，按照各自分组迅速捆绑好腿脚，彼此勾肩搭背，“四人五足”、亲密无间地跳跃前行。小礼堂顿时欢腾起来，掌声、加油声、喝彩声、前仰后合的忘情大笑声，此起彼伏，让人忍俊不禁。年轻人好像又回归到快乐的童真年华，你已经分不清你的伙伴来自何方，是培英还是华师？是健全还是残疾都不重要了，重要的是“我们是一个团队”……

到了讲评的时候了。梁老师亲切地问大学生志愿者和培英的同学们："有什么感想啊？"年轻的学子们争先恐后地诉说心中的感动：

"原以为没有学过手语，和聋生同学交流会挺尴尬的，不敢轻易与他们搭讪；现在明白了，即使不懂手语，只要大胆去猜，细心观察，没有不知道的'比画'。"

"过去从未接触过轮椅，开始做驾驭轮椅行走互动，还得带上篮球，手忙脚乱地，生怕撞着他们，现在经过老师和同学的帮助，一点都不怕啦，而且我还知道怎么帮助坐在轮椅上的朋友啦。"

"戴上眼罩才知道，盲人行走真难啊，尤其在那个原地转圈后，我可就真的蒙了。""学会定向行走对视障朋友重要，对指导我们科学地帮助他们同样有意义。""我切身体会到用语言提示及细微准确动作的引导，是帮助盲人朋友顺利通过障碍的基本功啊。"

"我们收获的不单单是亚残运的相关知识，我觉得更多的是一种乐观的心态，以及事事心存爱意的人生态度。"

广东职业技术师范学院的陈嘉丽说出了同学们的共同心声。

培英的师弟、师妹也有话说。

"在'四人五足'中，看到了师兄、师姐们和我们培英学子相依相伴，相互扶持，数着节拍，一步一步地走向终点。这其中的默契多好啊，像是多年培养出来的默契，那种充满成就感的笑容荡漾在每个人的脸上，也许他们输了，但是对于他们来说，结果并不重要，重要的是过程。在过程中，他们的默契经得起考验。”

（陈少杏 2009 会计班学生，轻度脑瘫，培英中专学校学生会广播站干事）

“互动游戏中，真正需要我们帮助的并不多，大部分游戏过程，都是志愿者帮助我们去完成的，每一个环节都让我们看到了他们的热情，他们的尊重。他们小心翼翼地帮助轮椅上的同学迈过阶梯的阻隔，细心地引导模拟盲人同学过障碍物，耐心地跟聋哑同学沟通、比画、猜哑谜，协助完成游戏。莘莘学子的细心，让我们好感动！赛场上有你们在默默付出，亚残运一定会因有你们而更精彩！”

（李健，2009 计算机 2 班学生，下肢残，培英中专学校团委副书记、文学社秘书长）

亚残运会培训为这些风华正茂的志愿者开启了一扇独特的窗口，让两个平素少有交汇的年轻群体，从陌生到彼此更加了解，更重要的是，让他们读懂了对生命的尊重和直面挫折的坚强，感受到助人的快乐和分享快乐的幸福。

师兄、师弟，师姐、师妹，不分健全还是残疾，有缘走到一起，投身亚残运会，共同谱写快乐青春乐章，彰显生命的美丽……

三、我们都在期待明天

2010 年 12 月 11 日晚 7 时许，我来到位于广州市海珠区珠江边上的中山大学本部，为中大亚残运会开闭幕式团队的 300 余位志愿者骨干进行题为“走近残疾人　感受亚残运”的专题培训讲座。这是我在广州亚残运会筹备期间的第 53 场培训课，也是亚残运会的最后一场讲座。

当晚，阶梯教室内灯火通明，来自大学城、北校区，以及校本部的同学们陆续赶到培训现场。经过亚运、亚残运的 N 次通用培训、实地演练及先期服务，同学们已经很疲惫了，但教室内依旧洋溢着青春跃动的欢声笑语。在年轻人期待的目光中，我与同学们分享了自己从 20 世纪 80 年代以来参加过的五届残奥会、“远南”残运会和全国残运会的快乐感受，以及从事残疾人工作二十多年来，残疾人兄弟姐妹给予我和我的同事们对生命的再认识和心灵的净化；讲述了一个同学们相对陌生但又无处不在、在逆境中不屈不挠奋然前行的特殊群体，他们的坎坷，他们的执着，他们的尊严；健全人与残疾人相互尊重，相依相伴、携手同行的人道情怀；还有让我们的残疾兄弟姐妹有尊严、不受伤害地得到帮助的知识和技能。

同学们聚精会神听课，饶有兴致地与我互动、对话，听到感人处，还情不自禁地鼓起掌来，这种心灵之间的感应和沟通，令我对这些善良、可爱的中大学子充满了信任与期待。我体会到每一次授课都是自己对残疾人朋友感恩的凝聚，是一种责任；只有感动自己，才能感动他人。那天上、下午我已经分别为南航亚残运礼仪小姐志愿者团队、广东省电视台采编部朋友讲课，连续站了 4 个小时，是到广州两个月来培训课程安排最紧凑的一天，却也是最开心的一天。晚上，原定 2 个小时的课程应同学们的要求，往后推迟了半个小时，我们一起演示了怎么给盲人朋友导向，怎么与他们交流；怎么推轮椅，怎么与乘坐轮椅的残疾人朋友平视交谈。进入初冬的广州，冷空气光顾频繁，夜晚很凉很凉，教室里却是春意浓浓，很暖很暖；我觉得那一瞬间我和同学们的心贴得很近很近——

因为我们都在期待明天——2010 年 12 月 12 日晚 8 时，广州奥体中心，亚残运会开幕式。

四、“我得说，广州，真的很棒！”

12 月 12 日晚 8 时，两个亚运会的收官之作——2010 年广州亚残运会开幕式在奥体中心田径场隆重举行，世界的目光再一次聚焦在南国羊城。刚刚经历了精彩亚运的广州，以同样的热情同样的胸怀迎接着又一盛事的到来。缤纷旖旎的夜幕下，伴随一个个温馨画面的更替，爱在流淌，心灵的感动和震撼在回荡。

然而，人们更为关注的是被誉为“大拇指一代”，曾在亚运会期间有上乘表现的志愿者们，面对处在连续作战、身心疲惫的状态和更加细致周到的人性化、个性化亚残运会自愿服务要求，会再次给中外宾客、残疾人兄弟姐妹和广州市民带来惊喜和快乐吗？

答案是毋庸置疑的。且不说鱼贯行进在 5000 余名志愿者用微笑铺成的温馨大道上，听着不间断的亲切问候，看着年轻人右手扶在胸前，为你献上的青春志愿礼，让你有一种踏上红地毯贵宾般的神圣与庄严；也无须感叹在整个表演过程中，他们始终背靠场地，面朝观众，熟练地跟着音乐的节奏，带领我们与开幕式中美轮美奂场景呼应的忘我、精湛和专业；更不用说站在距离开幕式现场只有不足500米的咨询服务岗，耳闻场内此起彼伏的欢呼声和优美的旋律却不能越雷池一步，亲眼见证历史的遗憾；还有从馆内二楼望去，灯火阑珊处的志愿者，他们的身影被橙黄的灯光拉得很长很长……

一切井然有序，一切又那么让人心动。

“我得说，广州，真的很棒！”来自塞内加尔的贾米尔说。作为广州亚运会、亚残运会组委会高级顾问，贾米尔具有15年的大中型运动会运行经验。在开幕式结束后的深夜，他看到运动员村的女村长与志愿者一块儿，依然守候在运动员村门口，迎接每一位运动员的归来，这让他“非常感动”。（引自新华网）

五、“绿羊羊”变成“暖洋洋”啦！

强烈寒潮于12月15日席卷我国大部地区。在寒风冷雨的侵袭下，广州天气骤降6到8度，是入冬以来最冷的一天。当天一大早，我从住所乘地铁赶到奥体中心田径场，尽管身着从北京穿来的毛衣，但扑面而来的飕飕北风，还是让我感到一阵阵寒意。由于突然降温，多数志愿者来不及添加衣物，穿着单薄制服，一丝不苟地站在偌大的田径场观众看台口，守望正在进行比赛的运动员和看台观众。

上午9时许，前往奥体中心观赛的市民依旧络绎不绝。在赛场上，不时袭来的小雨让许多观众始料不及。志愿者见状立即在各出口处免费派发雨衣，提醒防寒保暖。而在一些积水的地方也见到了志愿者们的身影，他们及时揩拭有浸湿的观众席座位，帮助因路面湿滑导致行进困难的坐轮椅残疾人观众平安入座。在运动员出口处上方，我紧握着两个来自华南农大志愿者冰凉的双手，问他们冷不冷？他们笑了：“老师，你放心吧，我们是小伙子，没事的。”好小伙子！

15 日全天将有 26 枚金牌在这里产生。田径项目不仅是金牌大户，同样也是受风雨影响最大的比赛项目。志愿者为运动员准备了雨衣，在露天的赛场中支起帐篷，防止残疾人运动员受冻感冒。为防止场地湿滑造成运动员滑倒，赛会志愿者开着吸水车及时清理积水，跑完一组就吸一次。

在一层点录处，广州体育技术职业学院的志愿者们，8 人一组，按跑道位置，每人跟定一位运动员，有条不紊地引领他们入场，到达各自的起跑点后将运动员脱下的外衣放在箩筐里，迅速捧着箩筐按顺序排队返回，下一组马上跟进。这里是风口，为了避免运动员换了参赛服之后滞留时间过长着凉，同学们动作麻利，准确无误，高效敏捷，衔接无缝，让我看得眼花缭乱，运动员们纷纷向他们跷起大拇指。我站在出口处上面的看台上，高兴地与他们打招呼。五天前，曾与这些可爱的年轻人在一起培训，算是“老朋友”啦。年轻人也快乐地向我挥手：“赵老师，天这么冷，您还来看比赛啊？”顾不上多说什么，他们又匆忙为下一拨出场的参赛者准备场地了。

风雨中见真情，志愿者们真诚贴心的服务让赛场上处处流淌着温情和关爱。亚残运组委会执行副主席吕世明有一句很形象的比喻：“‘绿羊羊’变成‘暖洋洋’啦！”此言不虚。

这一天，国际残奥委主席克雷文也来到田径场，他高度评价了亚残运会志愿者的服务工作，盛赞亚残运会志愿者热情、贴心、专业。他表示，广州2010年亚残运会的志愿者给他最深刻的印象就是专业：“看得出来，亚残运会志愿者经过大量的扶残助残专业培训和岗位实践。”（引自人民网）

六、不对志愿说再见：播种希望，收获未来

时间过得真快，再过两天就是闭幕式了。我接到广工大小王老师的电话：“明天下午3点是中国女队与日本女队决赛，好精彩的，快过来看吧，这可是您的承诺哦！”呵呵，小王老师还惦记着这档事，上次培训课后，我答应小王老师“一定会来看一场盲人门球的比赛”。12月17日下午2点半，我如约来到大学城地铁站口，小王老师在那里接我。她兴奋地对我说：“看完比赛后，我带您参观我们的‘V仔之家’，看看我们编的《V仔快报》，可精彩啦！”望着我疑惑的眼神，小王老师解释了“V仔”的含义，“我校将广工大场馆团队的志愿者昵称‘V仔’团队，并沿用到学校青年志愿者协会。V，代表志愿（Volunteer），代表胜利（Victory），也代表志愿者灿烂的微笑；‘V’，如同一颗颗奉献志愿心，表达了我校青年学子‘奉献、友爱、互助、进步’的志愿精神！”

我连连点头赞许，这个昵称很形象，很有创意。我告诉她在前两天央视早间新闻中，看到了广工大盲人门球馆为了保持比赛

现场绝对安静，团队工作人员和志愿者穿着套鞋在场地服务的视频报道。小王老师听了喜上眉梢，自豪地说，还有哪，除了对进入 FOP 区域人员派发鞋套外，还加强了几个措施，对进入我们所有场馆里面的人员进行知识的普及，特别是工作人员和志愿者，像现在我们一进来，大家就很自觉的关掉手机或保持静音状态。每一块观众区域都会有志愿者维持秩序。每当比赛开始时，志愿者都会举起“请观众保持安静”的指示牌。除此之外，每场比赛前还有广播提示观众“文明观赛”……

我们边走边聊，不一会儿就到了广工大体育馆门前小广场。今天是周六，等候进场的观众耐心地排成了长长的队伍。志愿者为每一位观众准备了一份标有“盲人门球知识”“场馆介绍及交通图”“比赛看点”“特殊竞赛方法”，还有“观赛礼仪与温馨提示”的“小百科”活页折子。小王老师招呼一位志愿者：“快给赵老师一份，顺便送赵老师进馆，呵呵，不好意思，我得先去安排比赛后的颁奖仪式。赵老师，我们一会儿见！”说罢，风风火火、一路小跑、急匆匆地淹没在人群中。

志愿者虽然是个已经进入大四的小伙子，却十分率真，没有高年级“大师兄”通常有的范儿。他高兴地握着我的手：“我认识您，是上次给我们讲课的老师。”然后介绍我与他的观服团队伙伴一一握手，兴冲冲地讲述了他们与场馆观众亲密互动、配合默契、文明观赛的感动。“您说过，尊重两个字比什么都重要，尊重观众，尊重运动员，相互尊重，这种感觉真是好极了。”年轻学子自豪之情，溢于言表。这时，广播中又传来了志愿者的温馨提示：

“观众朋友们，欢迎你们到广工大体育馆观看盲人门球赛！盲人门球是一项具有观赏性的对抗项目，运动员完全凭着听力判断来球方向，所以在比赛中要保持绝对的安静。进场后请将您的手机调到静音挡，不要在场内走动。当比赛现场需要安静时，志愿者会举起一个牌子向您示意，请您配合我们；当一方进球裁定有效后，现场会立即播放欢快的音乐，观众朋友们可以跟随音乐一起有节奏地喝彩。让我们与运动员一起共同完成比赛！”

哦，这娓娓道来的贴心嘱咐那么亲切、熟悉、婉转，比优美的音乐旋律还要动听……

那场比赛的盛况和感人肺腑的运动员、观众、志愿者“三位一体”的快乐组合，把亚残运接近尾声的盲人门球特殊魅力展示得淋漓尽致。场上戴着眼罩的双方女选手，刚柔并济，抛球防守，一招一式，扣人心弦；场下观众在裁判员的判定手势和志愿者的默契配合下，忽而屏住气息，忽而欢呼雀跃，场内高潮迭起。这一动一静、动静相宜的奇妙景观，让包括我在内的所有观众都陶醉在“此时无声胜有声”的佳境里。

随后在小王老师带领我参观她的“V 仔之家”时，我又恍惚觉得是 2008 年残奥会北理工盲人门球场馆团队经理衡靖老师在引领我参观她的“志愿者之家”。两位女性布置的家同样温馨、舒坦。“学习区”“游戏区”“休息间”一样都不少。只不过广工大的“V 仔之家”更加宽绰，装备更加时尚，休息间变成“深度睡眠区”了。柔韧的长沙发，棉毛毯，枕头，靠背椅，小方桌，一应俱全，值班回来的V仔可以舒心地在这里打个盹儿。引人注目的是墙上布置的“V仔留言”板与08版北理工的“志愿者心声”更是有异曲同工之妙。林林总总贴满了年轻人的欢声、笑语、趣闻、疑惑、感慨，同样让人忍俊不禁。两个理工科大学场馆团队都有自己的快报，北理工叫《我们的微笑——志愿者心声》，广工大是《V仔快报》。而国外友人对他们的评价如出一辙，惟妙惟肖：

国际残奥委（IPC）场馆运行专家阿鲍斯托洛斯·里格斯赞誉北理工大盲人门球志愿服务团队：“这是残奥会历史上最出色的一次赛前大检验。”

德国盲人门球队的伊娜·菲舍尔：“中国的观众太棒了，他们知道何时鼓掌，何时保持安静，要不是听到最后的欢呼声，我还以为没什么人来看我们比赛呢。这样的环境让我们能在比赛中全身心地投入，尽情享受比赛……”

国际盲人门球协会主席Jim Leask致亚残运广工大团队：

“亲爱的老师、同学们，这是一届世界级水平的比赛，工作在这里的志愿者们是模范级的。他们的友好态度是广东工业大学亮丽的卡片。我们很享受这次经历，感谢你们为这次比赛所付出的努力。”

马来西亚盲人门球男队教练纳拉亚纳萨米·杜赖萨米：

“我们感谢广工大盲人门球场馆团队的志愿者们，他们活跃、富有爱心、富有阳光，他们总是在我们最需要帮助的时候，为我们提供最好的服务。”

历史“确实有惊人的相似之处”。

两个都是理工科大学的残运会盲人门球馆志愿者团队，一个是以“80后”为主体的2008奥运、残奥“鸟巢一代”，一个是以“90后”为主体的2010亚运、亚残运“大拇指一代”。他们的一言一行、一举一动，甚至一颦一笑都是那么神似，对残疾人兄弟姐妹的感情都是那么真挚、投入，让我们不能不深深地感受到助残自愿服务的强大生命力和动情的感召力。诺贝尔文学奖获得者、印度著名诗人泰戈尔说过：“只有爱的联系才是完美的联系。”用这句话来表达“80后”“90后”志愿者与残疾人之间水乳交融的关系，解释两个盲人门球馆志愿者团队助残志愿精神一脉相承，再恰当不过了。

分别前，小王老师将亚残运会期间出版的一套完整的《V仔快报》送给我：“赵老师，真是遗憾啊，您今晚不能来参加我们团队欢庆圆满完成亚残运会自愿服务的联欢会，我和同学们都会想念您的。这套《V仔快报》送给您留个纪念吧！”

忙完了一天的活儿，夜半人静之时，我翻开广工大盲人门球场馆团队《V仔快报》终刊号，那些熟悉的人，熟悉的事，浓浓的情，栩栩如生，跃然纸上，萦绕在我的眼前。其中小王老师的告别语《不对志愿说“再见”》，表达了一位志愿者信赖的团队领头人发自肺腑的感言，也许能够代表广工大V仔们共同的心声：

亚运会、亚残运会成功的喜悦中有志愿者们成长的快乐，短暂的艰辛过后是发现自己蜕变的惊喜。正是因为这些快乐，才难对亚残运会说再见，因为这些成长，才不对志愿说再见。

感谢亚运会、亚残运会，让我们可以奉献热忱、挥洒青春；感谢亚运会、亚残运会，让我们懂得分享阳光、分担风雨；感谢亚运会、亚残运会，让我们体会到了服务的快乐，志愿的精彩。如今，我们将这挚诚的感谢，这深切的祝福，化成一串串激情的火种，这火种将所有V仔的心紧密相连，将我们共同的志愿精神传递下去。V仔，不对志愿说再见。

七、不是尾声的尾声：中大学子“亚残运会志愿服务锵锵三人行”

2010年12月21日下午3时，亚残运会闭幕式之后的第三天，我又来到中山大学本部，与中大的亚残运志愿者座谈。此前，中大团委书记黄山老师告诉我，中山先生1924年为中大前身广东大学亲笔提写的校训词“博学　审问　慎思　明辨　笃行”，把“笃行”发展为社会实践，要求学生学业成就之后，要“专心做一件事，帮助国家，变成富强”，这是学生的责任，到社会去发展聪明才智；这学与行，即是理论与实践的统一。

黄山老师十分动情地对我说：“中山先生把造就振兴中华置于自己肩上的人才学校。作为‘好学校’；把学生培养成具有为人民、为国家、为社会服务的崇高理想的人，培育的是合格人才。这对于我们来说，今天仍然具有十分重要的启示意义。中大学生历来具有志愿服务的优良传统，仅以这次广州亚运会、亚残运会为例，中大输送的志愿者就有6000余位，服务在40多个场馆和城市志愿者站点。中大应该成为符合时代要求、党和人民重托、青年学子渴望的人才学校，是当年中山先生心目中期盼的‘好学校’。”

参加座谈会的11位亚残运志愿者，可以说都是来自五湖四海，不同校区、不同年级、不同专业、不同年龄跨度，从本科生、硕士生到博士生，分别服务于赛会志愿者和城市志愿者团队，其中既有曾经在一起培训的“老朋友”，也有刚刚结识的新朋友。他们的讲述情真意切，他们的感受发人深省。我仅仅摘录了三位同学发言，难免挂一漏万，但愿能保持其中的精华和灵气。

（一）“穿上志愿者的服装，就要有志愿者服务的状态”

陈汉钗（中大数学与应用数学学院　亚残运会开闭幕式团队）

我已经读大四了，特地向实习的公司请了两个月的假回来，就是为了做亚运会和亚残运会志愿者。我很留恋那些与运动员亲密接触的日子，想念我的“运服团队”。

当运动员们都已经进场完毕，在集结区里的志愿者工作基本结束，唯一要做的就是等待运动员撤场回到这个地方然后陆续返回运动员村。在空旷的场地上，好冷的冬夜，一大群年轻的志愿者在空旷的场地上来回跑着，以自己独特的方式取暖。没有任何人抱怨，相反，伙伴们脸上的笑容是那么爽朗、真实。被外界普遍认为最舒服的开幕、闭幕志愿者却在咫尺天涯坚守着“空空荡荡”的运动员集结区，无怨无悔。

赵老师您问我：“过了亚残运会，有什么打算？”亚残运会后，我想在公司组织一个志愿者助残服务队，等同于公司内部其他兴趣小组。我相信，通过大家的努力，一点一滴地积累，一定可以继续为残疾朋友做些事情，对社会有所贡献。

即使不穿志愿者服装，也要在志愿者的状态中。

（二）两个美好夜晚的数个小时

朱慧晖（中大社会学与人类学学院 08 级 人类学专业）

我的岗位职责是为进入奥体中心内场参与仪式表演的运动员提供进场前休息区的服务。我注意到绝大多数运动员去洗手间或者与朋友合影时基本不需要我们的主动帮助；但实在不方便时，他们也会很大方地提出来，并不是我们想象的那样矜持、拘谨——生理残缺磨砺了他们意志，完善的人格；生理的痛苦让他们学会了独立和豁达。

在轮椅残障运动员去洗手间必经的路上，有一个不急不缓的坡地，运动员们通常都是自己驱动轮椅去洗手间，但到了坡地时总会有一点吃力。有几名志愿者就专门站在旁边，看到运动员求助的眼神便会微笑着推一把，等过了缓坡就自动离开让运动员自己走完剩余的路。整个过程没有一句语言交流，全靠那种心灵的互动和眼神的意会。亲眼见到这样的场景让我再次体会了“大爱无疆”的内涵。

我相信，亚残运会开幕式和闭幕式两个美好夜晚的数个小时，曾经发生的一个又一个这样平凡而又温情的故事，定会为亚残运会营造了沁人肺腑的温馨开篇和余音袅袅的动感落幕，在每一位运动员、每一个志愿者心中都会留下宝贵的回忆。

（三）与赵老师聊天：城市志愿者的那些凡人琐事

梁杰东（中大管理学院市场营销专业大一学生）

经历过初期的兴奋后，志愿服务渐渐转入平淡。我们的岗位职能由疏导堵塞车辆转变为在人行道旁回答路人问路，然而问路的人也确实不多，有些失落，但我们可以提高服务质量。于是，我们比以往站得更直，笑得更甜，回答更详细，指引的手势更加沉着有力，志愿者间的友谊也日益加深。

还记得我们的中队博客，有人留言："不知道什么时候能再有志愿机会了。"我当时想了想，便回复道："亚运会、亚残运会虽然结束了，但志愿精神永远不会结束。"是的，志愿机会从来就不缺。这些人，这些精神，都不应当随着亚运会、亚残运会的结束而淡出人们的视野。

我们成功策划并组织了一次"趣味亚运会"，在中山大学募集了志愿者珍藏的部分装具和自制的礼品，到广州康迪智障儿童学校为小朋友们精心举办了一场别开生面的运动会。看见他们兴高采烈地传递着我们自制的亚运火炬，争取游戏项目金牌，分享礼品和喜悦，我们每一位志愿者都感到特别满足。不少志愿者还和小孩玩在一块儿，坦言很久没玩得这么开心了。

后亚残运会时代，他们依然需要关爱……

在中山学子亚残运会志愿服务"锵锵三人行"之后，总觉得还缺点什么，哦，是广东省培英职业技术学校的小师妹与她的大师兄、大师姐们的倾心呼应。

（四）永远记得你们给我们的感动

李谨梅（培英 2009 计算机 2 班学生，下肢残疾，校学生会督察部干事、文学社干事）

踏入培英，让我觉得幸运的是 2010 年亚运会在广州举行，更幸运的是培英被选为亚残运会志愿者的培训基地。虽然我没能当上志愿者，但能为志愿者们做一些力所能及的事，也是我的骄傲。

在志愿者培训期间，我感受到了他们的温暖和关怀，每为他们做一件事，他们都会送上一句温馨的“谢谢”或一个幸福的微笑，有时候还没来得及回应一句“不客气”，他们已经走远了。

强化培训结束之后，我们的工作也就算结束了，可师兄、师姐们志愿服务的日子才刚刚开始。一次跟同学出去玩，路过一个十字路口红灯处，远远看见路旁的志愿者对我们微笑，做着志愿者礼的手势，应该是到过我们培英学校的师兄吧？这份热情让我们心里暖暖的。而在不远处，却看见一位志愿者坐在地上，头靠着一棵小树睡着了，看上去睡得很甜的样子，而那重重的黑眼圈却透露了他们的疲惫。他们的艰辛又有多少人知道并能做到呢？

永远记得你们为亚残运的努力和付出，永远记得你们给我们的感动，谢谢你们陪伴我们一起成长！永远记得那句口号：“我志愿，我快乐，用心服务我最棒！”

广州 51 所高校的“90 后”学子集体亮相，就在亚残运会的赛场内外。

新一代助残志愿者，已在路上。

上善若水，情暖珠江。

2010 广州亚残运会

青春多美好——印象广州白云机场安检团队

一、亚残运旅客服务运筹帷幄及早排上日程

2010 年 10 月 25 日上午，受亚残运会组委会委托，为广州白云机场股份有限公司培训讲座。公司的几个“方面军”（安检护卫部、航站楼管理部、航运服务分公司、商旅服、地勤、旅客服务分公司、空港快线运等九个部门约 360 人）悉数派员到场；安检护卫部由副站长带队，是到场人数最多的一支队伍。正值各方注意力聚焦在即将举行的亚运会开幕式、涉亚运旅客入境高峰期忙碌紧张之时，机场股份有限公司各部门未雨绸缪，将一个半月后才开始的涉亚残运会特殊嘉宾服务及早排上日程，且抽出现职骨干参加亚残运会通用培训，重视程度可见一斑。其中，机场安检护卫部以此为契机，更新理念，深入探索人文安检、温馨安检服务的改革实践尤为引人瞩目。也就是在这次讲座上，我结识了安检大队负责亚残运会培训工作的小柯。她将安检团队迎接亚残运会已经做的前期准备和下一步的安排打算讲给我听，并敲定 11 月 1 日为安检大队进行专项培训。

二、天降大任，时不我待

培训教室里坐着一水身着时尚安检制式服装英姿飒爽的年轻人。在这之前，他们只是偶尔接触过寥寥可数的残疾人旅客，而要在闭幕式之后短短的两三天时间内，确保亚残运会四十多个国家和地区数以千计的残疾人运动员，以及亚残奥大家庭贵宾、官员顺利通过安检，与众多健全人旅客一起正点离港，平安回家，在白云机场安检保障史上称得上“史无前例”了。

从年轻人专注、热切的目光里，我能感受到他们渴望尽快走近亚洲各国（地区）残疾人兄弟姐妹，了解他们的疾苦，尽可能为他们提供贴心安检服务的赤子情怀。当然也能看得出对即将承担的特殊使命，他们同样也有几多拘谨，几分困惑和忐忑，更有一份沉甸甸的责任。带着些许好奇，年轻的安检员们期待地看着我：“赵老师，您能告诉我们些什么？”

就在那一瞬间，我明白了，针对这场特殊的培训，我不应该仅仅是站在讲台上照本宣科，而是要尽快走近这些年轻人，与他们面对面交流、谈心，分享我与残疾人朋友相处20年来，对他们的了解和给予我直面人生坎坷、感悟生命尊严的重新审视；消融这两个平素少有接触群体之间的陌生感，从而找到实践人文安检、温馨安检的契合点。

我回顾了从20世纪80年代起，陆续随残疾人体育团、艺术团参加残奥会、“远南”残运会及出访演出，在境外机场经历的异域感受。其中既有东道主笑容可掬、细腻周到机场安检服务的美好回忆；又有面临突发事件，工作人员手足失措、应对粗糙的失误；两年前在北京两个奥运会期间，中外宾朋对首都机场维护旅客隐私与尊严、几近完美特色服务的由衷赞叹；也对两个月后将在广州举办两个亚运会期间，白云机场再次书写人性化、个性化服务温馨篇章充满了期待。

年轻人认真地做笔记，静静地凝视着大屏幕上展示的残疾人运动员不屈身影，全神贯注地盯着2008北京残奥会期间首都机场硬件、软件全方位无障碍服务的图片课件，他们在思索着、掂量着——

亚残运会的机场安检较之亚运会更具有因人而异服务的特殊性、稍纵即逝的难以弥补性和首尾衔接的连续性，是确保亚残运会尽善尽美的点睛之笔。从一定意义上来说，作为亚运会的收官之作，亚残运会机场人文安检的完美实施，确实具有动一发而系全身的举足轻重作用。

天降大任，时不我待。从年轻人坚毅、自信的目光里，我能读懂铭刻在他们心中的忠诚：

请相信我们，我们能行。

三、完成了由亚运向亚残运会特色安检服务的温柔转身

一个半月后，即2010年12月17日，亚残运会闭幕式前夕，我随志愿者部领导一起到机场看望、慰问辛勤服务亚残

运会并做出卓著贡献的广大志愿者和工作人员；同时也十分期待借此机会再次与安检团队朋友们见面，先睹他们为送别即将凯旋的亚残运尊贵客人精心构筑的温馨之家。

期间，从小柯不时传来的信息和媒体相关报道中，欣喜地了解到机场安检团队在做好亚运服务的同时，集思广益，博采众长，荟萃培训精华，结合机场实际，编写完成了3万多字的《亚残运会保障方案》（以下简称《方案》）；针对亚残安检服务特点，迅速制定转换期工作计划，标准明确，任务到位，环环相接，使之成为一项构建“人文安检”的系统工程。其中给我印象最深的是他们在增进与残疾人情感交流这个基础环节上，做足了功课，形成了以“走近残疾人 情系亚残运”为主旨的理念培训与实操演练相得益彰，由“硬件无障碍”到“心灵无障碍”跨越式发展的可喜态势。

请看机场安检团队“走近残疾人”的情感之旅：

11月中下旬，亚运安检服务尚未开始，即着手亚残服务运作，由中队长和业务副队长主抓并落实亚残培训任务；人力资源部门印制《残疾人检查相关知识测试》问卷，对一线中队、部门进行考核；精心挑选思想素质高、业务和外语能力强的骨干负责涉亚残专用通道的检查；根据残疾人的需求特点，群策群力，模拟演练，务求专用通道定岗员工熟练掌握对肢残、截瘫、脑瘫、视障旅客的特殊检查方法。

12月5日，以参加机场股份有限公司组织亚残运会服务综合保障演练为契机，全面检验安检实操流程是否合理顺畅；

同时对定岗残疾人安检通道人员培训效果进行实地考评，并组织各相关部门的人员观摩、切磋，重在查找隐患与不足。站长到场讲评，统一和完善《方案》规定的对残疾旅客的检查方法和程序，进一步优化保障流程。

从12月8日开始，亚残运会客人陆续抵达广州白云机场。尽管安检保障服务要在亚残运会闭幕式之后，但安检团队的每一位成员都不敢稍有懈怠，各级领导一律值班到位，靠前指挥，派出骨干人员分别到迎接亚残客人的机场口岸“探班”，现场感受兄弟团队为各类亚残运动员温馨服务的共性特点，汲取他们的创新做法和宝贵经验。

12月9日上午，按照《方案》进行了以亚残贵宾室和安检机房检查为主的保障演练。由安检员模拟40名运动员（其中残疾人运动员20人）的团队进行安检情景，参与演练和观摩的安检员120人。演练充分检验了应战亚残运会安检工作的实力，增加了团队做好各项保障工作的信心和决心。

12月16日，寒风凛冽，强冷空气南下直袭广州，但白云机场候机楼里却流淌着浓浓的温情暖流。20位应邀来穗观看亚残运比赛的汶川地震致残少年，将于上午11时乘坐3U8738航班返回四川，结束为期6天的亚残运会爱心之旅。一大早闻讯赶来的安检护卫部一中队365班组年轻人，身披醒目“亚运志愿者”绶带，汇聚在出发厅16号门，望眼欲穿地等候客人到来。

“来了，终于来了”，在分队长的指挥下，激动的安检员志愿者将手中的行李车一字排开，像仪仗队一样，迎接尊贵的客人。初次见面，这群少年朋友并没有想象中的腼腆与内向，而是落落大方、有礼貌地与志愿者招呼致意。倒是大哥哥、大姐姐们有点拘谨了，赶紧走上前去问好，征得同意、接过行李、细心装车，然后引导打包、办手续、托运，轻车熟路，一气呵成，40件行李、3部轮椅，一样不少，利利索索地随着传送带先行出发了。

快捷有序，完美无缺的专业服务水准，让少年们为之倾倒。一看登机时间还早，善解人意的哥哥姐姐便当起了临时导游，介绍新白云机场景观，还协助他们在有亚运会、亚残运会标志的地方摄影留念。有的孩子主动提出要跟志愿者哥哥姐姐合影，还要了联系方式，志愿者们都高兴地答应了。一路上青春做伴，快乐同行，短短的半个来小时，知心的365班组哥哥姐姐与始终微笑着的汶川伤残少年，在相互理解信任的契合点上，亲亲热热交融在一起，真是应了那句老话："不是一家人，不进一家门。"

看着时间差不多了，志愿者引领他们从专设的亚残运会通道过安检。那里的哥哥姐姐亦是同样的着装，一样笑眯眯地与他们打招呼，轻柔、熟练地引导他们顺畅通过安检。少年们恍然大悟：原来一大早就陪伴他们的志愿者竟是自己心目中了不起的蓝天卫士，不由得欢呼雀跃。随团义工黄老师告诉他们，这些大哥哥、大姐姐，是利用倒班休息时间特地赶回机场来为他们做志愿服务的。少年们一下子沉静下来，钦佩的目光始终跟随着跑前跑后忙碌的志愿者们……

通过安检后，哥哥姐姐一直把他们送到登机口，孩子们懂事地向刚刚熟悉的安检员志愿者挥手再见，坚强的少年们眼眶中充盈着晶莹的泪花；365班组的哥哥姐姐们也依依不舍地看着他们走进机舱，许久不愿离开。

17:10，安检志愿者——白云安检一中队365班组收到黄老师发来的信息：“孩子们已平安到达成都了，请代我们向所有帮助了孩子的哥哥姐姐们说谢谢！有了你们的关注和帮助，他们在人生的旅途中不会孤独。谢谢！祝好人一生平安！”收到信息的分队长黎燕萍的手机在年轻人手中传来传去，他们的眼睛湿润了，在心底默默地祝愿这些不屈的汶川少年能够在关爱中快乐成长！

这是一次充满感动的温馨体验和亚残运会送行前夕的优美预演。以此为节点，机场安检护卫部完成了由亚运会向亚残运会特色安检服务的温柔转身。

四、温馨小道和温馨小屋的故事：人性化、个性化安检已经落地

受站长委派，小柯负责引领我“过一过”他们精心构筑的安检“温馨小道”。来到机场三楼安检大厅，一抬头就能清晰看见色彩搭配柔和的显示牌电子版和张贴版上“亚残运专用通道”的标识，“前边用隔离带设置的区域就是亚残旅

客专用区域了”。顺着小柯的指引，看到前方地板上贴有醒目的亚残运会徽白色地标。小柯不无自豪地告诉我：“这些色彩明快的标识都是我们自己设计的，为的是让亚残旅客方便、快速地找到专门为他们设立的安检通道。我们还在围蔽通道的墙上贴上亚残运会宣传画，令旅客在安检过程中有种轻松、温馨的感觉哦！”

小柯边走边讲，娓娓道来，从容不迫：“亚残运专用通道有 8 条呢，其中 4 条通道设为无障碍通道，每条通道均配备特别制作的低位验证台，没有设安全门，一律手工触摸检验，以最大限度地方便轮椅旅客和视障旅客直接通过。为避免检查时被无关人员窥视，我们还在无障碍通道后方进行了专门的区域围蔽，将普通旅客与残障旅客的检查分隔开，互不干扰。围蔽区域最多可同时容纳 4 名轮椅旅客进行检查。在机场所有贵宾室安检通道旁也都设有一条能直接供轮椅通过的无障碍通道，以利于亚残奥委大家庭成员顺利便捷通过安检。”

听着小柯如数家珍般的专业水准介绍，心中情不自禁地涌起一阵阵快乐的冲动。“赵老师，等一会儿，有亚残轮椅客人经过专用通道，三中队正好要按培训程序实地操作，他们要请您去现场讲评。要不，这会儿咱们先去看为重度残疾人旅客安检准备的温馨小屋好吗？”

温馨小屋即“非公开检查室”，是亚残运会旅客安检必备的设施，也是对残疾人而言相对敏感的场所。我们就近来到用西区员工休息室改造而成的“非公开检查室”，房间已经粉刷一新，墙上贴着醒目舒适的标识，室内进行了精心的布置，配备专用桌椅、饮用水、纸巾等。我不由得赞叹：“温馨小屋，名副其实啊！”小柯笑呵呵地“揭秘”：“这可是我们部领导经过多方考察选定的点哦。既要离涉亚残专用通道近，便于残疾旅客的通行，又要有宽敞明亮的空间环境，不会给人沉闷不适的感觉。据此标准，硬是腾出这间员工休息室和一间库房，另在围蔽的通道后搭建一个临时简易房。全队上下，一鼓作气，仅用一个晚上时间，就将这三间房子装饰一新，为携有义肢、尿袋等不便于公开检查的重度残疾人旅客，提供了一个舒适、安全的检查环境，而且检查时会有两名与旅客同性别的安检员在场。赵老师，您看行吗？”

肯定回答是毋庸置疑的。人性化、个性化安检已经落地，看着这一切，那才心里踏实啊！

我们终于来到亚残运温馨小道时，一位坐在轮椅上的高位截瘫旅客，正在等候通过安检。我站在一旁，看到验证安检员面带笑容，双手接递证件并附送标准文明用语及手势，前传检查员帮旅客把所有物品放入传送带，随后把他平稳推进围蔽的检查区域。人身检查员先把轮椅制动刹车关闭然后进行检查，经过X射线机并未发现异常，开包员将所有的行李帮旅客放好，轻轻示意维序员协助将旅客送出通道。一个完美的检查过程结束了。微笑的眼神，温馨的话语，明快的提示，轻柔的动作——

无可挑剔，完全规范。

年轻人热情地要我给他们讲评，除了感动与鼓励，我真的没有什么要说的了。只是提醒安检员们，残疾人朋友并不希望大家太在意他们与其他旅客的“不同”，也不希望麻烦别人，自己能做到的事就尽量自己去做。所以把握适度服务，在他们真正需要的时候“不经意地”提供帮助就是最高的境界了。

这话有点儿玄虚，我也没太在意。殊不料，24 岁的安检姑娘耿文佳，在发给我的亚残服务心得体会中却有她自己独特的体会，让我感叹不已：

“在实际工作中我们往往把服务理解为态度，态度好就等于服务好；其实不然，服务有其更深刻的内涵，与执行规章制度以及服务对象之间有着密不可分的联系。之前，在一开始就已经把他们当作‘不同’的客户了，那就很难实现让残疾人朋友以不受伤害的方式，有尊严地通过安检的最终目标。

“在接下来的工作中我重新端正了态度，尽量了解我的客户。当看到运动员胸前那份沉甸甸的光荣和带着喜悦表情的激动时，我被他们的坚强深深地感动着，有几次竟然有种莫名想哭的冲动；并不是因为他们残缺的身体，而是因为他们激昂的斗志和对生活的信念，期待那个藏在心里的梦想能够实现：我们的智慧色彩更加绚烂，我们的青春将使亚残运会的精神更加辉煌。”

这个以“80后”为主、平均年龄只有25.5岁的广州白云机场安检团队，就要开始他们的圆梦之旅了。

五、渐入佳境，越发香醇，品到最后，回味无穷

广州亚残运会在承办时间节点上不占先机。前有2008年北京市成功承办被誉为“史上最精彩一届”奥运会和残奥会的标杆压力，后有广州亚残运会申办滞后于亚运会所致“时间差”的先天不足，留下的空间已经不多。面对所谓“强弩之末”“审美疲劳”云云的疑虑，广东省、广州市领导高瞻远瞩，举全省之力，知难而上，敢为人先，提出亚残运会要比亚运会更精、更细、更充满关爱。组委会果断采取走近残疾人、推动无障碍、培育浓郁人文亚残运会氛围的一系列重大举措；数万名筹办团队工作人员、近百万志愿者和上千万广州市民全力以赴，倾情投入，为亚残运会的成功举办辛勤付出、无私奉献，践行了“两个亚运，同样精彩”的庄严承诺。

如果说，亚运会让世界目睹了广州这座千年古城的华丽转身，那么，亚残运会则让这个爱心花城变得更加美丽温情。媒体朋友称广州亚残运会好比一瓶陈年美酒，渐入佳境，越发香醇，品到最后，回味无穷。

又到了告别的时刻，闭幕式璀璨的烟花又一次照亮广州的夜空，照亮来自亚洲41个国家和地区的残疾人运动员回家的路。他们收获的不仅是赛场上的成绩，行囊中更有满满的

祝福与鼓励。在广州，他们写下了生命中一段光彩的日子，也让更多健全人在感慨中有了更深的思索——

总会让人对竞技之外的内容有所感悟。挥手告别之际，总有一些情感，长留在人们的回忆中。这就是亚残运会有别于亚运会的特殊魅力吧。

然而，“行百里者半九十”，亚残运会承办工作接力赛还没有到达冲刺终点。也许没有多少人会知道担当最后一棒的是广州白云机场安检团队，也很难感受其中沉甸甸的分量，但远方的客人“举手长牢牢，相别何依依”之时，会记住他们，记住广州，记住中国。

“正如眼睛是心灵之窗，一个国家的机场就是它展现给世界的面孔。”这是英国《泰晤士报》资深媒体人艾莉塔·米尔斯对比了世界几个主要国际知名机场民航服务之后，对中国机场正在发生巨大变化给予的由衷感叹。为了这一万众瞩目的点睛之笔，广州白云机场安检团队精心组织，科学统筹，将做好亚残运会机场安检服务保障与本职工作改革实践紧密结合，并做得如此细致周到。

六、创造了涉亚残运会旅客 100% 安全，服务 100% 满意，航班 100% 正常的奇迹

亚残运会旅客出港主要集中在残运会闭幕式后的 19 日至 21 日，其中 20 日这一天达到了两千人，占三天离港涉亚残运会总人数的一半以上，安检压力巨大。

上午8时至10时，是涉亚残运会人员离港的第一个高峰。这一时段涉亚残运会航班超过了30班，平均每5分钟就有一个涉亚残运会航班离港。

10时至16时，是涉亚残运会人员离港的第二个高峰，也是当日最高峰。这一时段有7个超大团队离港，其中，轮椅旅客占了一半。上午10:05，两百多名残疾运动员好像事先约定好似的，齐刷刷地同时进入国际安检大厅。看到如潮涌进的涉亚残运会旅客，三条专用通道显然不够用，前方指挥员果断决定将2、3、4号通道的安全门撤离，改成无障碍通道，充分保障轮椅旅客的顺利检查，同时将涉亚残运会通道增加到5条。在每条安检通道前有专门配备的安检员引导。亚残运会旅客人身安全检查采用人手触摸方式安检，不仅保障安全，也是对残疾旅客的尊重。在14点至16点最繁忙的时间，50名安检人员仅用了17分钟检查了226名旅客（其中轮椅旅客110人）。平均每名涉亚残旅客通过安检时间仅为1分钟左右，大大低于亚残运会安检服务标准时间的上限。

第三个高峰：14:40至15:45，有五个国际航班相对集中，涉亚残运会旅客408人，轮椅旅客102人。12:30开始，团队在高峰到来前提前将涉亚残运会通道增加到了7条。直到13:20，四百多名旅客全部顺利通过了安检，用时50分钟。

第四个高峰：当天23:50至次日凌晨02:00的三个国际航班，涉亚残运会旅客467人，轮椅旅客115人，其中飞往曼谷的航班还有10件超大行李及比赛用枪支。晚上19:00至23:00，历来是普通国际航班出港高峰时间。为了能同时保障普通航班和最后三个涉亚航班的检查，安检当班中队推迟了正常下班时间，从国内区抽调人员，加快速度疏通普通航班的旅客。23:45，伊朗代表队的两百多名运动员每人都带着多件行李蜂拥而至，国际区立即开通了6条涉亚残运会通道；凌晨00:15，最后一名亚残旅客经过安检，高兴地离开，安检保障用时不到三十分钟。

20日是保障任务最重的一天。每一个涉亚残运会航班都有当班领导跟踪。他们既是一线指挥员又是安检志愿者，帮助旅客收拾行李，引导登机。其时，周站长正患重感冒，连续几天输液，加之多年胃病缠身，已是年过五旬的周站长，不顾病痛，硬是从早上8点多坚持到第二天凌晨1点，直到送走最后一名亚残旅客后，才回到办公室休息。21日早上8点，周站长又立即赶赴现场，指挥新一天涉亚残运会安检保障任务了。

值早班的二中队本应是清晨05:00上班。凌晨4点钟，中队即召开副分队长以上人员会议进行细致周密的部署。为了保障高峰航班，值晚班的一中队领导全部坚守在现场，第二天凌晨1点才下班。罗君华教导员值完通宵班后，在中队部沙发上仅仅休息了两三个小时，又赶去参加机场的早会。

20日是一线安检员最忙碌的一天。早上六点起，亚残运动员陆续进入出发大厅开始办理离港手续。安检员提前到岗，每一个环节都以分秒计算，每一个细节都毫不含糊：为脑瘫人士准备了咨询板和纸笔，为视障者给予全程陪伴引导，分流重症残疾朋友到温馨小屋；流程清晰，忙而不乱，快速、准确地完成引导、验证、行李物品检查、人身复查各项工作；同时，尽最大的能力帮助旅客，为他们排忧解难，演绎了一个又一个动情的故事。

看到有的运动员随身携带了心爱的小刀、剪刀，却属违禁物品，安检员就与机组联系，征得同意后移交机组保管，嘱旅客下飞机时再找机组拿回；有的很喜欢广东的洗发水、沐浴露、冲凉液等，不舍得放弃，中队就派人全程陪同旅客去航空公司值机柜台办理托运手续；还派出了外语水平好的员工，专门负责收集旅客对安检工作的感受和意见。客人们被安检人员的热情和真诚所感染，一边愉快地配合检查，一边将他们参加亚残运会的感受告诉安检员，有的运动员还将自己国家的纪念章送给安检员，拿出奖牌和安检员一起分享，合影留念。

其中还有一段有关金牌的快乐“小插曲”。那天晚上，安检员在通道内发现一件无人认领的西装，口袋内有一块金牌。于是便立即通过信息系统查找到应该是一名运动员留下的。当找到该旅客时，旅客却矢口否认。安检员觉得很奇怪，准备对西装内的物品重新进行清点。可没过多久，刚才被问到的那名旅客急匆匆回来找西装，说由于太兴奋了，竟把自己的金牌给忘记了！他连连向安检员道歉，感谢安检员的细心与耐心，激动地把金牌挂到安检员的脖子上，情深意切地连连说：“中国人好！中国人好！”令在场的运动员和工作人员无不为之动容。

马来西亚残奥会主席和韩国残奥会副主席经过安检时，亲眼看到自己国家的运动员，在短时间内都顺利而愉快地经过了安检倍感欣慰，对白云机场的安检工作给予了高度评价。两位主席先后在《客户留言本》上留下了恳切的话语，感谢中国安检员对他们的贴心服务，感谢他们传递的大爱和快乐。亚残运会期间，共有 410 名亚残运会旅客在安检客户留言本上写下了美好的话语，成为安检团队珍藏的“心灵无障碍宝典”。

那天晚上，安检员们连续工作长达 12 小时，他们用真诚与尊重送走了一拨又一拨尊贵的客人，也赢得了远方朋友的一致称赞。20 日这一天，安检护卫部成功保障一千多名残障人士顺利出行，创造了涉亚残运会旅客 100% 安全，服务 100% 满意，航班 100% 正常的奇迹。

这一天，中国残联主席张海迪乘坐 CZ3509 航班机离开广州前，在安检团队小伙子和姑娘们兴高采烈地簇拥下，兴致勃勃地参观了温馨小屋，高高兴兴地驱动轮椅行进在亚残运会专用安检温馨小道上，海迪主席的心都醉了。应年轻人的请求，海迪为广州白云机场安检团队，挥笔留下了大姐姐潇洒的感叹和亲切的祝福：

“青春多美好！”“新年快乐！”

七、当惊叹过后会发现，心灵的平视，相互的尊重，是彼此送上的最珍贵礼物

2011年的阳春三月，在北京惊喜收到广州白云机场安检护卫部安检综合办小柯发来的短信和邮件。“赵老师，记得去年12月26日机场话别时，您曾叮嘱我‘尽快将亚残运会之后安检团队工作的变化’发邮件给您。通过三个月的实践检验，我现在高兴地告诉您，不仅在‘特殊旅客通道’的安检员接待残疾旅客时，从曾经的惶恐不安到现在的笑对从容，并能熟练地为他们提供贴心的安检服务；而且在其他岗位的安检员也练就了让各类客户群都能够得到有尊严、便捷安检服务的本领。给您发去我们安检团队同事写的亚残运会服务感受体会，愿与老师分享我们共同的快乐。谢谢您一直以来对我们的牵挂与帮助，大家都很想念赵老师，期待您再次来广州白云机场检验我们的工作。”

当时空已经变换了场景，历史拉开些许距离时，回过头来，再来看亚残运会那些人，那些事，这种美好、清新的感觉依然挥之不去，并撩动着我们的心弦。耿文佳和她的安检团队伙伴们终于可以快乐地说：“我们圆梦了！”——不仅仅是为两个亚运会承办接力赛留下了浓墨重彩的点睛之笔，个中还有很多、很多值得我们思索和回味的东西。

“心灵的平视，并不意味着健全人要收回援手。相反，建立在尊重、理解基础上的帮助，会让残疾人在生活中表现

得更为自然。心灵的平视，是残健融合真正的社会基础。肢体残缺所带来的困难，并不应决定残疾人与健全人彼此打量的眼光高低。”

——人民日报记者薛原《岭南随笔》2010-12-19

第一次与残疾人的亲密接触，是年轻的安检员们着墨最多的印记。

24岁的小伙子袁超群的记述，就如同他的职业一样专注、细腻：“我在后面的人身岗位待检，看着运动员与前传的同事说了些什么，然后自己把行李和随身物品放上了传送带，再转动轮椅向我这里靠了过来。我紧张得就像一把紧绷的弓。好像看出了我的紧张，他停下来朝我笑了一下，打了个招呼。我本能地回应了一句。正当我想去帮他卡住轮椅的刹车闸时，他轻轻地对我说，别紧张，我会配合你的检查。他的笑容是那么的自然，就像一束阳光，融化了我。残疾带给他的只有行动上的不便，胸怀的豁达却让我一下子与他的心贴得很近很近。我完全放松下来，仔细地检查了一遍，然后轻轻帮他松开了卡在轮子上的刹车，心怀感激地说了一句：‘谢谢您的配合。’之后，我们同时露出会心的笑容。”

小袁说，我一直目送着他收拾随身物品抱起行李，到完全离开通道，轮椅上同龄朋友的背影永远留在了我的心中。

只有了解旅客真正的想法和必要的需求，在提供服务时才会让他们感到舒心。我们的服务工作才会做到点子上，做到旅客的心里，旅客也才会欣然接受。

26岁的二中队国际分队安检员练文君的回忆，又把我们带入了那些刻骨铭心的安检现场，让我们对“尊重”这个亚残运会服务中出现频率最密集的主题词有了更深切的理解和感动：

一位脑瘫运动员经过通道，安检员拿出事先准备好的纸笔和提示板，耐心地与他沟通，动作轻柔地接触检查。安检完毕后，这位运动员极力伸出他僵直扭曲的臂膀，硬是坚持要与安检员握手，表示谢意。还有一位朋友双手残疾、左脚掌畸形，仅靠他的右脚滑动着特制的自行车行进。在接受检查时，我们劝他坐下，但被拒绝了，坚持用右脚站立着接受安检。

每每读到这里，似曾相识的情景又在我的脑海里闪回，眼睛火辣辣地，感动着并让人心痛。

练文君告诉我们：“每一位进入安检通道的运动员都展露出他们灿烂的笑容，都会热情地与我们安检员打招呼，竖起了大拇指，摆出V字手势。这些天我们几乎无时无刻地被他们的精神所感染。”

尊重其实就这么简单。从心开始，从彼此的走近开始。

安检团队亚残运保障协调小组的柯洁茹很形象地将这种感觉精炼成一句话：“被需要是一种幸福。”亚残运服务的实践使我们能直接感受到残疾人朋友对我们那份炽热的需求和信赖。促使我们的安检服务观念从“我们要做”转变为“旅客需要我们这样做”。这个过程是那么和谐，“被需要”的我们练就了过硬的人文安检本领；信赖我们的旅客，从我们便捷的服务中感受愉悦；他们快乐了，我们也快乐了，快乐的互动就是祥和，就是一种幸福感。

“精彩的背后是精细，成功的背后是苦功。亚残运会不仅演绎了残疾人运动员自强不息、顽强拼搏、超越自我的动人风采，更重要的是在‘欢聚、分享、共赢’的浓厚氛围下，激发了全社会关爱残疾人的热情，让以人为本思想和人道主义精神深入人心，让人文关怀和人间大爱广泛传扬，为推动社会进步、促进社会和谐创造弥足珍贵的精神财富。”

——《南方日报》2010-12-21

有爱就有希望，有希望就有未来。在凝聚爱的力量、勇攀新高峰的进程中，年轻的广州白云机场安检团队守土有责，想人所想，急人所急，精诚所至，金石为开的不懈追求，演绎了“大爱无碍”的无限魅力。不仅国内外残疾人朋友感动欣慰，我相信所有的老百姓都会喜欢；他们与白云机场、与广州一起，实现了又一次跨越。在爱的阳光下，每一个生命都将更有尊严、更体面地绽放出绚丽的人生光彩。

“青春多美好！”

第十三章

万朵小浪花汇成钱塘潮
盈盈小青荷绽放西子湖

时间：2011 年

地点：浙江

事件：第八届全国残运会

传承五年前浙江第八届全国残运会“万朵小浪花”（志愿者昵称）理念，G20 峰会会场志愿者也有一个芳名——“小青荷”。

“小青荷”轻盈登场，绚丽绽放西子湖，成为 G20 的中国青春名片。美丽西子湖又多了一道靓丽风景。

在二十国集团工商峰会开幕式上，习近平主席讲话结束时说：“这几天，正值钱塘江大潮，‘弄潮儿向涛头立，手把红旗旗不湿。’我同各位一样，期待着二十国集团勇做世界经济的弄潮儿。”

小浪花与小青荷，是钱塘江畔亭亭玉立、站在新起点的“弄潮儿”姐妹花。

首善杭州，西子湖畔，溯本求源，源远流长。思绪回到五年前 2011 年浙江第八届全国残运会是浙江省及杭州市第一次举办大型残疾人体育盛会，以其人性化专业化特色服务，开浙江大型活动志愿服务先河，让国人刮目相看。新华社评论赞誉：“荣耀与尊严属于每一个鲜活的生命。”

奉献之爱温暖心灵：每天早上五点起床，天还未亮彻就来到赛场，一直服务到晚上 6 点所有比赛结束。这是第八届全国残运会万余名志愿者的工作表。本届残运会共招募赛会志愿者 12163 名、礼仪志愿者 275 名，为历届全国残运会志愿者最多的一次，提供检录、赛事、迎送、场内外各项活动等 19 项服务，服务总时间超过 75 万个小时。志愿者们有个昵称“小浪花”。“小浪花”是残疾人运动员的同行者，是赛场的“灯”和“光”。朵朵小浪花汇集成激情澎湃的钱塘潮。

省委领导明确提出对志愿服务的要求：“周到细致、体贴入微的个性化志愿服务对于举办一次成功的大型赛会起着十分重要的作用；要认真学习残疾人运动员身残志坚、自强不息的拼搏精神，并把这种精神转化为今后学习工作、成长成才的动力。以此次赛会志愿服务工作为新的起点，推动扶残助残志愿服务工作的长效运行。”

我有幸担当浙江残运会赛会前的全部 21 场强化培训授课任务。浙江省委、省政府，肩负筹办工作重任的省残联、省体委和相关部厅；以及杭州、嘉兴、绍兴赛区筹委会领导、工作人员；骨干志愿者及其他重要服务项目志愿者；比赛场馆、宾馆、饭店、机场、车站、景区、商场等接待场所服务人员；安保、新闻媒体、社区工作者等 4000 余人分别参加了赛会前的强化培训。

印象十分深刻的是组委会主任、副省长亲自率政府办公厅及组委会工作人员听课，这在既往类似培训中绝无仅有。更为感动的是小浪花们身体力行，在志愿服务中展现的创新、智慧和大气；对生命厚重的感叹和生命互动的倾情投入。他们的志愿服务体会感言，情真意切，字字接地气——

这一瞬，我们在八届残运会的赛场上留下足迹；这一生，八残的精神将伴随我们不断成长。社会在不断变迁，但适应时代潮流和有助于社会主义建设的八残精神将会在岁月的洪流中不断充实，生生不息。（中国计量学院　孔晓霞）

中国计量大学团委在残运会之后不久，进行了八届残运会志愿服务征文大赛。

一年之后，中国计量学院干练的团委书记赵蓓茁，发来莘莘学子“残运会志愿服务感受”征文，主题词让人心动：“这一瞬，那一生。”

一生有多少个一瞬，又有多少个一瞬会让我们铭记一生。人生正是因为有苦也有甜，才能够如此绚烂多姿。希望我能一直铭记着那些美好的一瞬，一生一世。（中国计量学院　王道杰）

八残会之后，计量一直涌动着未散去的余温和热情。在计量志愿者总队，我们更是把这份感动继续传递，不只是一

次服务，而是长期的助残志愿，那就是，“小橘灯”助盲服务队的诞生。让这份爱永远传递。（计量学院　石小柳）

同伴志愿者的互帮互助，观众席上小朋友的热情呐喊助威，赛场上运动员的拼劲、不气馁，都让我深深感动。直到残运会结束，我仍不舍黄龙上空每天熊熊燃烧的火炬。第八届残运会，会是我一生美好回忆，会是我宝贵的精神财富。（计量学院应届毕业生　虞孔立）

参与志愿服务的浙江高校学子也纷纷跟帖抒发用生命影响生命的感悟——

微笑的力量，语言的力量，行动的力量，理解的力量，在这次八残会中得到了很好的诠释。（浙江外国语学院小浪花　胡盼盼）

人长大后总是要承担一些责任，比如当志愿者。特别是成为一名残运会志愿者，这不仅是献一份爱，更是一种社会责任。没有愿不愿意，只有必须去做。（浙江财经学院盲人足球项目志愿者　俞林峰）

“我长大了也要当志愿者，像大哥哥大姐姐一样去帮助那些需要帮助的人。”塘栖三中的陈芸同学崇拜地说道。前来观看盲人门球比赛的她，在被运动员精彩比赛吸引的同时，也被浙电大小浪花的身影深深感动。

服务本届残运会是一堂生动的人道实践体验课。浙江广播电视大学“小浪花”在以自己的实际行动弘扬“奉献、友爱、互助、进步”的志愿精神的同时，努力体会，用心感悟……

在盲人门球馆，要说和运动员最亲近的岗位，非贴眼贴莫属了。“小浪花”许燕就是其中一员。每次比赛前，她都要给准备上场的运动员贴上眼贴。并不是所有选手都是盲人，有些只是弱视，贴上眼贴才能保证比赛的公平进行。

“这个工作看起来简单，但做起来真的好难，因为要接触对运动员来说最敏感的眼睛。”一开始许燕生怕自己的力道重会弄疼运动员，在得到运动员的肯定后，她紧张的心才算放松下来。“看到他们在赛场上拼搏奋斗，真心为他们加油！”

盲人门球比赛时，因为运动员看不见，完全依靠听力来辨别球的方向，所以观众席必须保持绝对的安静。只有当裁判员吹哨表示进球时，观众才可以鼓掌。这就需要我们的“小浪花”随时提醒他们。八天的时间里，“小浪花”纪金虹举着写有“请保持安静”的牌子坚守在这个关键岗位上。有些老人家不识字，纪金虹总是走上前耐心地和他们沟通。几天下来，有些可爱的老爷爷老奶奶都会帮我们的“小浪花”提醒其他观众了。

纪金虹也渐渐爱上了这个岗位。每当别人要替她站会岗，她都一一拒绝。“八天下来，我感觉精神一天比一天好，我都已经习惯了。”可是回到学校宿舍，她却总是累得倒头就睡的第一个。

不同于其他高校，参与本届残运会盲人门球比赛志愿服务的 172 名浙江电大“小浪花”分别来自杭州电大、浙江电大余杭分校和省电大直属学院等 3 家单位。7 名党员、165 名团员、1 个临时党支部、3 个临时团支部构成了这支志愿者队伍。他们的胸前佩戴着党徽或团徽，还有赛会志愿者的徽章。他们的脸上保持着甜美的微笑。他们服务在盲人门球场馆的各个角落，用手势、用语言、用微笑弘扬着“奉献、友爱、互助、进步”的志愿精神，践行着作为一名学生党员、学生团员的先进性。

为了让运动员走得更顺畅，机场专门开辟了绿色通道，青年文明号、工人先锋岗等特色班组成员一路为运动员服务。作为窗口部门的安检护卫部，特别增开了两个残运会运动员专用通道。为了方便与聋哑运动员沟通交流，安检工作人员特别进行过基础手语培训；在每条安检通道内都也专门为聋哑运动员和脑瘫运动员的沟通检查配备手写板。为了保护残疾运动员的隐私有些检查会在专用房间进行。杭州萧山国际机场在残运会比赛期间，共圆满完成 30 架次残运会进出港航班的保障任务，接送残运会抵离港运动员及工作人员共 51 批 606 人次，安排生活轮椅 61 人次，协助运送大件托运行李（助残设备、运动器材等）126 件。

给我留下深刻印象的是一名脑瘫运动员，他的手活动范围有限，但仍坚持自己将口袋内物品取出配合我们的检查。通过安全门后，艰难地把手举起：“你好”，我的心震撼了！平时，我们对每个旅客说着“您好”，但无人回应，也早已习以为常；从这位运动员口中艰难吐出的含糊不清的“你好”，和他脸上绽放的阳光微笑，让我心恸。这几分钟，也就决定了旅客对杭州，对萧山机场的印象。我收获到难得的工作经验和难忘的心灵洗礼。会把这种残运精神永远地传播下去，让阳光洒满整个心灵。

——吴海燕（安检护卫部客检一科，X 光机操作员）

在绍兴残运会游泳比赛馆，我看到绍兴文理学院两位灵巧的小女生，在出口处笑眯眯地举着自己做的“点赞牌”，迎接凯旋的运动员，纸板牌上写着：“给力啊，加油！”“亲，比赛结束，要好好休息哦！”顿时被秒杀。快人快语，情真意切，爽歪歪的“90 后”风格，忍俊不禁。

肩挎相机，手拿记事本，文武双全，飒爽英姿的绍兴文理学院大三学生赵雯，是场馆新闻中心志愿者。她笑着告诉我，我的任务就是传递快乐，鼓劲加油。我已经将文理学院志愿服务团队伙伴们尽收眼底。他们的乐观，他们的执着，他们与同龄残疾人兄弟姐妹的两小无猜，敞开心扉，让我觉得，这是一次青春美丽的邂逅，真好！

赵雯连续发给我几十张光鲜、阳光的绍兴游泳馆现场服务精品照片，记录了让人心动的那些用生命影响生命的温馨瞬间。我把它用在我的讲座 PPT 课件中，迄今依然感动着一届又一届莘莘学子。

摘抄一篇赵雯现场报道，以飨读者。

同心·同行

钱米青是云南队随队志愿者，这位来自文理学院二年级的男生，高高壮壮、热情洋溢。休息区见到他的时候，他正在陪同队员等待检录。“我们队有 21 位运动员、7 名裁判和工作人员，”朝夕相处了六天，钱米青已经很熟悉他的队员，“我的工作就是全程陪同、服务。从早上七点开始，陪部分队员搭第一班车，因为运动员分别属于四个教练，所以出发比较分散，就需要我更加细心。到了场馆，陪运动员更衣、热身、检录。最荣耀的时刻就是推着运动员登上领奖台，我和他们一样骄傲和感动。”云南队有三位需要轮椅的运动员，钱米青服务量很大，但他扛下了责任，将服务工作做得出色。“我们队有很多帅哥运动员，经常有志愿者要求签名、合影，他们都大方接受。”他们告诉钱米青：“志愿者帮助我们很多，没有办法报答，这样算是一种感谢吧。”……这是钱米青第一次做志愿者，通过服务工作，认识了很多朋友，他觉得有收获、很值得。

夏敏是检录组志愿者，她是来自越秀外国语学院三年级的学生。“我们组有六人，分工明确，分别负责报录、检录。”把听到检录信息的运动员带到场馆入口、维持通道秩序就是她的工作。“运动员跟我们友好、亲切地打招呼，还为我们签名合影。”站在检录处、近距离感受比赛的夏敏告诉我：“第一天看比赛的时候我们都哭了，真的太感动，运动员游得很辛苦、很出色，他们都非常坚强。”“我们拼命跟老师学手语，为了能给聋哑运动员加油。”真情流露的话语，表达了我们志愿者对残疾人运动员发自内心的尊敬和喜爱。

比赛还在进行，在场馆的每个地方，都有感人的故事发生。志愿者、运动员，互帮互爱，同心同行。

浙江外国语学院2009级英语师范班的沈波，是浙江第八届全国残运会新闻中心志愿者，也是我熟悉的年轻“老”朋友了。残运会结束后不久发来邮件：

> 2011年9月23日，我和学院的骨干志愿者在浙大西溪校区参加了新闻中心骨干志愿者培训，聆听了赵老师的专题讲题，老师还记得吗？如今，赛事远去，我有幸被评为杰出志愿者并在校志愿者表彰大会上发了言。这会儿想把这个消息告诉老师……连接头尾的是我校266朵“小浪花”默默的付出。你知道吗？在射击馆运动员食堂的“小浪花”，他们每天最早上岗工作，他们要保证运动员顺利吃好一日三餐，可是他们却保证不了自己的休息，也保证不了准时坐上往返的班车。毕业班的“小浪花”为了不影响实习，宁愿早起2小时；在医疗分级上岗的“小浪花”虽然没有接待过一个伤员，但他们始终坚守在岗位上；决赛馆的9男4女组合，每天上岗没有轮班，但他们依然热情高涨斗志昂扬；守候在洗手间门口的“小浪花”时刻待命，随叫随到；即使是和掌声雷动的田径场仅一墙之隔，志愿者们也依然坚守岗位，潜心核对赛事信息；志工部的“小浪花”每次都要等所有赛事结束之后才能下班，翻墙回校也成了他们特殊的记忆；萍水相逢，我们的志愿者为运动员提供个性化的服务，还和他们结下了深厚的友谊，不仅一对一帮扶运动员，还利用空余时间向他们介绍杭城，成了教练和运动员的小导游……这样的故事太多太多，而那些无字之书和年轻时的积淀，都将陪伴我们一生。

互帮的感动，传递的快乐，有多辛苦，就有多幸福，我甚至可以深切地感受到我们都被一种诚恳、专注、热情的力量包围。这些印记镌刻在我们的生命里，却意外成就了属于我们的“成人礼”，疼痛和兴奋之余，却是我们实实在在的成长。

回首既往，我们都用最美丽的微笑，最真情的服务，最辛勤的劳动，践行了“奉献、友爱、互助、进步”的志愿精神。

在服务第八届残运会、逐浪青春的征程中，我校266朵“小浪花”用实际行动证明了我校有能力、有责任为第八届残运会的成功举办贡献应有了力量。在赛事的带动下，志愿者这个身份成为我校越来越多年轻人在2011年的一种选择。在我校266朵“小浪花”的身上，我们依然可以看到一种后残运会时代志愿者精神的恒温化。真不知道该怎么感慨我们一鼓作气走来的路，回头看的时候，我们或喜悦或心酸，或恬淡或感动。无论如何，我都想祝福我们的成长，也想感谢那些一直在背后深情注视我们的眼睛。以后的日子，让我们都淋漓尽致地去生活、让这份志愿精神和气度也一起成长成熟，让它长成一株我们生命里的参天大树！

莘莘学子，赤子情怀，钱塘江荡起壮美青春的旋律；朵朵小浪花汇成钱塘潮，浪花里飞出欢乐的歌。

播种青春，收获爱情。于2011年浙江第八届全国残运会期间起步的浙江大学《志青春　阳光驿站》、中国计量大学《“小橘灯”助盲》阳光助残项目，五年后分别荣获2015、2016年度中国青年志愿服务项目大赛金奖、银奖。

五年过去了，那些小浪花早已涌动在生命的长河中；但生命的跃动，阳光的呼唤，必将伴随他们一生，温暖他们一生。

参考文献

1. 李玲．残疾与爱情的哲学思考［D］．天津：天津师范大学，2001．
2. 吴弦光．康复医学导论［M］．北京：华夏出版社，2008：20—21．
3. 北京志愿服务发展研究会．助残志愿服务手册．北京：北方联合出版传媒（集团）股份有限公司万卷出版公司，2016．
4. 中华人民共和国国家质量监督检验检疫总局、中国国家标准化管理委员会．GB ／ T 26341—2010．中华人民共和国国家标准．残疾人残疾分类和分级（S）．2011．
5. Heward W L．特殊需要儿童教育导论［M］．肖非，等，译．北京：中国轻工业出版社，2007．
6. 陈颖．从应然到实然：残疾人受教育权保护之法律形塑［J］．湖南师范大学教育科学学报，2016（5）．
7. 尚晓援．残疾儿童生命权保护的个案研究［J］．山东社会科学，

2011（4）.

8. 联合国 . 残疾人权利公约［EB/OL］.（2006-12-13）［2017-04-14］. http://www.cdpf.org.cn/zcfg/content/2001-11/06/content_74429.htm

9. 中华人民共和国国务院 . 残疾预防和残疾人康复条例［EB/OL］.（2017-02-27）［2017-04-14］. http://www.gov.cn/zhengce/content/2017-02/27/content_5171308.htm

10. 中华人民共和国国务院 . 残疾人教育条例［EB/OL］.（2017-02-23）［2017-04-14］. http://www.gov.cn/zhengce/content/2017-02/23/content_5170264.htm

图书在版编目（CIP）数据

助残志愿服务实务指南 / 北京志愿服务发展研究会编写. —北京：中国国际广播出版社，2017.5
ISBN 978-7-5078-4028-5

Ⅰ. ① 助…　Ⅱ. ① 北…　Ⅲ. ① 残疾人－志愿者－社会服务－中国－指南
Ⅳ. ① D669.69-62

中国版本图书馆CIP数据核字（2017）第079300号

助残志愿服务实务指南

编 写 者	北京志愿服务发展研究会
责任编辑	林钰鑫　李　卉
版式设计	国广设计室
责任校对	徐秀英

出版发行	中国国际广播出版社［010-83139469　010-83139489（传真）］
社　　址	北京市西城区天宁寺前街2号北院A座一层 邮编：100055
网　　址	www.chirp.com.cn
经　　销	新华书店
印　　刷	环球东方（北京）印务有限公司

开　　本	640×940　1/16
字　　数	200千字
印　　张	17.5
版　　次	2017 年 5 月　北京第一版
印　　次	2017 年 5 月　第一次印刷
定　　价	45.00 元

CRI 中国国际广播出版社　欢迎关注本社新浪官方微博　官方网站 www.chirp.cn